ちくま新書

歴史認識　日韓の溝

——分かり合えないのはなぜか

渡辺延志
Watanabe Nobuyuki

1565

歴史認識　日韓の溝
——分かり合えないのはなぜか【目次】

はじめに　009

第一章　徴用工訴訟　013

1　徴用工をめぐる対立　013
対立に至る経緯／争点と韓国大法院の判断／日本の反論「国際法違反だ」

2　「日本による朝鮮の支配は不法なものであった」　024
大法院判決の論理／いつから無効なのか／御名のない詔勅／「勒約」をめぐる認識の差／「日帝強占期」の一般化／手続き論以前の「無効論」

3　朝鮮半島で何をしたのか　037
伊藤博文の武勇伝／『朝鮮の悲劇』／義兵を探す旅／破壊しつくされた町／犠牲の大きな格差

第二章　東学農民戦争　051

1　隠された歴史　051

放置されていた頭蓋骨／日清戦争の経緯／東学農民の再蜂起
2 徹底された日本軍トップの意思 060
兵士の従軍日誌／『東学党征討経歴書』／「悉く殺戮すべし」
第三章 関東大震災 075
1 強まる主張「虐殺はなかった」 075
ドラマ「いだてん」／横浜の社会科副読本／中央防災会議の報告書
2 子どもたちが見た横浜の震災 082
四つの小学校に伝わった作文／高等科二年生が記録した「朝鮮人騒ぎ」／震災当日／震災二日目／震災三日目以降
3 なぜ流言を信じたのか 098
「天下晴れての人殺し」／警察も新聞も／「武器を持つ勿れ」／警備部隊法務部日誌／朝鮮総督府の報告書

第四章 二つの虐殺を結ぶ線 109

1 日本軍兵士の実像 109

何が人々を駆り立てたのか／後備役の兵士／自警団／在郷軍人会

2 正体不明の敵 122

教練用の歩兵銃／パルチザンとは誰か／大川署長の物語／「不逞鮮人」の正体／虐殺の基本構図

第五章 忘れ去った過去 139

1 改竄された『日清戦史』 139

記憶はなぜ失われたのか／戦史から削除された記録／戦死した兵士／戦争はこうして始まった

2 戦史改竄の真相 145

残っていた戦史の草案／草案はなぜ破棄されたのか／編纂した二人の部長／書いてはいけないガイドライン／福島県立図書館の調査／『朝鮮暴徒討伐誌』

第六章　三・一運動　165

1　新発見の資料　165

首相原敬への報告書／安東領事からの報告／「独立万歳」の叫び

2　原敬首相と朝鮮総督の対応　173

「無策の様」／「採余公文」／「軽微なる問題」

第七章　あいまいな自画像　183

1　なかったことにされた虐殺　183

異質な作文／自警団遊び／「情状酌量少なからず」

2　突然誕生したことにされた自警団　199

自警団誕生をめぐる謎／在郷軍人会の支部報／なぜ「突然誕生」したのか

第八章　いくつもの戦後　209

1　語られない戦場での体験　209

一周年の追悼集会／類例なく孤立した虐殺／「動くものはすべて殺せ」

2 日本人の心の隙を狙った詐術 218
副読本の初版／根拠なき詐術の標的

終章 次の時代を展望する歴史像のヒント 225
判決の背後の苦難の歴史／久保田発言／文在寅大統領の歴史観／日本人の歴史観／戦った兵士の実像／兵士の見た朝鮮／二つの神話の衝突／「竹槍を持て」

おわりに 251

資料「朝鮮騒擾事件ニ対スル鮮人ノ言説ニ関スル件」 255

参考文献 259

はじめに

日本と韓国の関係にきしみが増している。戦時中の徴用工をめぐる問題で対立が深まり、最悪と指摘されるまでに関係は悪化した。両国における嫌韓、反日の感情は高まり、憎しみや敵対感を隠さない言動は珍しくなくなった。

それにしても既視感がぬぐえない。

歴史をめぐって日本と韓国は、従軍慰安婦や竹島の領有権などの問題でも長年対立を続け、納得できる解決策を見いだせないまま今日に至っている。

体験者がほとんどいなくなった過去が過ぎ去ることなく、今日の社会や人々の心を揺さぶり続けている。

それはなぜなのだろう。

同じような問題意識を持つ人は多いようで、日韓の対立をめぐっては数多くの書籍が刊行されている。学者やジャーナリスト、外交官や評論家など様々な視点や立場の人たちが豊富な知識や貴重な経験をもとに興味深い見解を提示してくれている。その多くは、いかに韓国が日本とは違うのかを指摘、説明するものだ。韓国では、国民の感情や情緒によって政治も裁判も左右されるので外交的な約束であっても簡単に破られてしまうとして、その原因を歴史や思想、社会の仕組みや地政学的要因などに求めるものが目につく。

だが、いくら読んでも、どうも納得できない。立場が違えば歴史が違って見えるのは不思議なことではないが、自国の掲げる歴史像を「正しい」と信じて両国とも疑う様子がない。この間、様々な面で交流は盛んになり、人々の往来も増え、立場や文化の違いについての知識も備えたはずなのだが、議論は一向にかみあわず、経済や安全保障を犠牲にしても、とりつく島さえ見つからない。

気づかない、何か根源的な問題が隠れているのではないだろうか。

歴史を主な取材対象とするジャーナリストである私は、歴史の謎に迫る研究や歴史の空白を埋める資料を追い続けてきた。納得できない思いがつのるうちに、自分なりの手法で日韓の歴史認識の溝の淵源がどこにあるのかを探ってみようと思うようになった。「正しい」と信じて疑わない歴史像がどのように生まれたのか、その出自と来歴をたどれば何かが見えてくるのではないか。そんな発想で始めた探索がこの書となった。
分かり合えないのはなぜなのだろう。
そんな素朴な疑問への手がかりを探してみよう。

なお資料の引用に当たっては、今日では差別的とされる言葉もそのまま用いた。片仮名の文は平仮名にし、漢字は今日の字体を用い、仮名に置き換えたものもある。また必要に応じて句読点を補った。

国名としての朝鮮は一八九七年に大韓帝国（通称・韓国）に代わった。一九一〇年の併合後はその地域を日本は朝鮮と呼んだ。地方行政区域は朝鮮王朝の初期以来、八道制が施行され、日清戦争後の一八九六年に慶尚、全羅、忠清など五道を南北に分割し一三道となった。首都は、朝鮮王朝の時代は漢城や漢陽と、併合後は京城と呼ばれたが、ソウルで統一した。

第一章 徴用工訴訟

1 徴用工をめぐる対立

†対立に至る経緯

日本と韓国の関係が新たな段階へと踏み込んだのは二〇一九年の六月のことだった。大阪で開催された二〇カ国・地域首脳会議（G20）が六月二九日に閉幕した。すると、それを待っていたように翌三〇日の産経新聞は「半導体材料の対韓輸出を規制」「政府徴用工問題に対抗」と報じた。韓国の最重要産品である半導体の製造に欠かせないフッ化ポリイミドなど三品目の韓国への輸出運用を見直す日本政府の新たな方針を伝えるもので、

G20の開始前に韓国の文在寅大統領（手前左から２人目）と握手を交わした後、厳しい表情を見せる安倍晋三首相（2019年６月29日、時事通信）

「いわゆる徴用工訴訟をめぐり、韓国側が関係改善に向けた具体的な対応を示さないことへの事実上の対抗措置」と日本の意図を説明していた。

その報道の通りに、日本は輸出の手続きを厳格化し、韓国を輸出優遇の「ホワイト国リスト」から除外した。韓国は強く反発し、軍事情報包括保護協定（ＧＳＯＭＩＡ）の破棄を表明し、日本製品の不買運動が広がった。

経済活動に影響を及ぼし安全保障を揺るがす事態へと発展し、「日韓関係は国交正常化以来最悪」との声が強まったが、両国政府は原則的な発言を繰り返し、譲る気配を見せぬまま関係は冷え込んだ。

徴用工訴訟はなぜこれほどの対立をもたらしたのだろう。訴訟の経緯からたどってみよう。

新日本製鉄（その後、新日鉄住金を経て二〇一九年に日本製鉄と社名を変更）を被告とした訴訟が始まったのは一九九七年のことで、場所は大阪地裁だった。原告は二人の韓国人で、ともに一九四三年に募集広告を見て応募し、旧日本製鉄の大阪製鉄所にやってきた。二年間勤務し技術を習得すれば、朝鮮半島の工場に技術者として就職できるとの触れ込みだったが、実態は事前の説明とはまったく違っていたと訴えた。奴隷のような境遇で労働を強いられ、食事は非常に少なく、給料は強制的に貯金させられ小遣い程度しか受け取れず、かといって監視が厳しく逃げることもできなかったなどと主張し、謝罪と未払い賃金の支払いを求めた。

一、二審とも訴えは退けられ、二〇〇三年に最高裁で敗訴が確定した。

旧日本製鉄は戦後の財閥解体に伴い一九五〇年に解散し、その資産をもとに八幡製鉄と富士製鉄が設立された。その後一九七〇年に、八幡製鉄と富士製鉄が合併し新日鉄が生まれた。

旧日本製鉄と新日鉄は別の会社であり債務は承継されなかったと日本の裁判所は判断した。仮に承継されたとしても、日韓の国交正常化に合わせ一九六五年に締結された日韓請求権協定によって、その債務を裁判で請求することはできないとの考えも示した。

請求権協定は「財産、権利、請求権に関する問題が完全かつ最終的に解決された」「協定の署名以前に生じたすべての請求権に関しては、いかなる主張もすることができない」と定めている。韓国は賠償を求めたが、韓国とは戦争をしていないとして日本は応じず、代わりに経済協力金を提供した。無償経済協力三億ドル、有償経済協力二億ドルで、そのほかに民間経済協力が三億ドル以上とされた。一九六六年度の韓国の国家予算は四・五億ドルであった。

韓国での裁判が始まったのは二〇〇五年で、原告は四人になった。新たに加わったのは、一人が一九四一年から旧日本製鉄の釜石製鉄所で、もう一人は一九四三年から八幡製鉄所で働いていた。

日本での訴えに加え、国際法違反と不法行為に対する損害賠償も求めた。

一、二審は日本の判断を踏襲し、訴えを退けた。状況が変わったのは二〇一二年で、日本の最高裁に当たる大法院が二審の判決を破棄し、裁判のやり直しを命じた。そうした経緯を経て、高等法院は一人当たり一億ウォンの支払いを命じる原告勝訴の判決を言い渡し、それが二〇一八年一〇月の大法院判決で確定した。

その判決に承服できない日本は政治的な対応を求めたが、韓国の政府は三権分立をたてに応じなかった。そうした膠着した状態で迎えたのが二〇一九年の六月だった。

†争点と韓国大法院の判断

韓国での訴訟の争点は以下の四点に要約できる。

①新日鉄は旧日本製鉄の損害賠償債務を承継するのか②請求権協定によって原告らの損害賠償請求権は消滅したのか③原告らの損害賠償請求権は時効によって消滅したのか④日本での裁判で確定した敗訴の効力が韓国の裁判にまで及ぶのか。

①と②で日本の判決を覆し、日本の裁判所が踏み込まなかった③と④について韓国の裁判所は独自の判断を示した。

日本の判断とは何が違うのだろう。

大きな転換点となった二〇一二年の大法院判決は、「日本の韓半島と韓国人に対する植民支配が合法であるという規範認識を前提」としていると日本の判決を批判している。そのうえで「大韓民国憲法の規定に照らしてみるとき、日帝強占期の日本の韓半島支配は規範的観点から不法な強占に過ぎず、日本の不法な支配による法律関係のうち大韓民国の憲法精神と両立しえないものは、その効力が排斥される」との判断を示し、「そうであれば、

ソウルの龍山駅前に設置された徴用工の像
（2017年８月17日、毎日新聞社）

日本判決の理由は日帝強占期の強制動員自体を不法であると解している大韓民国憲法の核心的価値と正面から衝突するものであり、このような判決理由が含まれる日本判決をそのまま承認する結果は、それ自体として大韓民国の善良な風俗やその他の社会秩序に違反するものであることは明らかである」との論理を展開している。

個別の争点では、債務承継をめぐる争点①では新日鉄は資産や営業、人員などの面で旧日本製鉄と実質において同一性を維持していると認定した。

請求権協定の範囲についての争点②では、反人道的不法行為や植民支配と直結した不法行為による損害賠償請求権が請求権協定の適応対象に含まれていたと解することは困難だとの考えを示した。

時効をめぐる争点③では、請求権協定に関連する日韓交渉の文書が公開された二〇〇五年まで、原告らは権利を行使することが事実上できなかったのであり、時効は成立していないとの判断を示した。

外国の判決を承認する基準が問われた争点④では、日本の判決は、原告は当時、日本人であったとして日本の法律を適用したが、大韓民国憲法の核心的価値と正面から衝突するものであり、その効力を認定することはできないとの結論を導いている。

†日本の反論「国際法違反だ」

この判決に対し日本政府は「徴用工をめぐる問題は日韓請求権協定で完全かつ最終的に解決したことを確認しており、大法院の判決は国際法違反であり、戦後の国際秩序への重大な挑戦だ」と真っ向から否定する立場をとっている。

韓国の判決への反論も展開している。四人の原告はそもそも徴用工でないという主張は、その分かりやすい例だろう。

安倍晋三首相は二〇一八年一一月の衆議院予算委員会で「政府では『徴用工』という表現ではなく、『旧朝鮮半島出身の労働者』と言っている。四人はいずれも『募集』に応じ

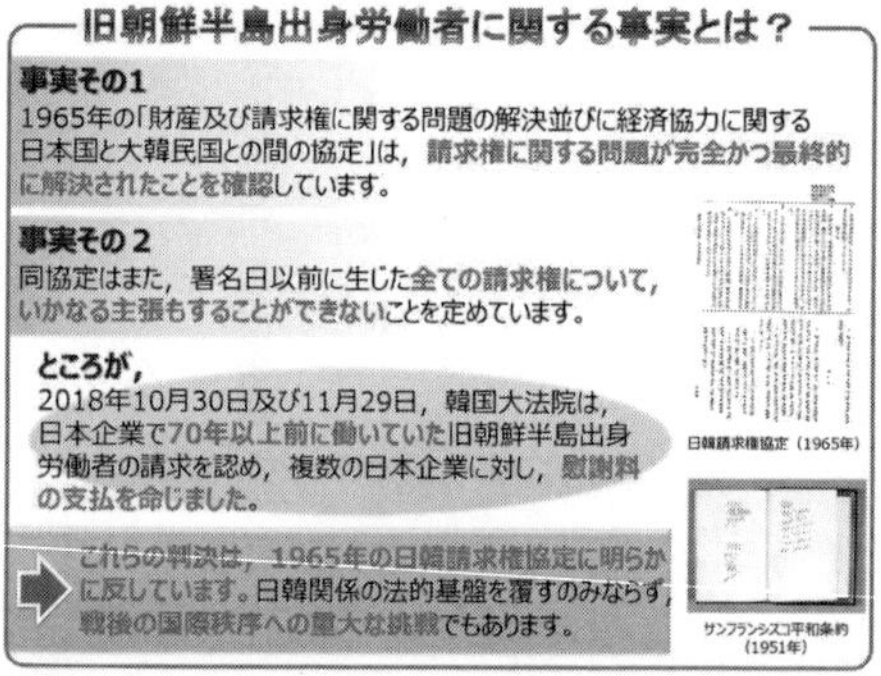
旧朝鮮半島出身労働者に関する事実とは？
事実その1
1965年の「財産及び請求権に関する問題の解決並びに経済協力に関する日本国と大韓民国との間の協定」は，請求権に関する問題が完全かつ最終的に解決されたことを確認しています。
事実その2
同協定はまた，署名日以前に生じた全ての請求権について，いかなる主張もすることができないことを定めています。
ところが，
2018年10月30日及び11月29日，韓国大法院は，日本企業で70年以上前に働いていた旧朝鮮半島出身労働者の請求を認め，複数の日本企業に対し，慰謝料の支払を命じました。
これらの判決は，1965年の日韓請求権協定に明らかに反しています。日韓関係の法的基盤を覆すのみならず，戦後の国際秩序への重大な挑戦でもあります。
日韓請求権協定（1965年）
サンフランシスコ平和条約（1951年）

外務省がホームページ上で提供している徴用工訴訟の説明。「旧朝鮮半島出身労働者」との文字が見える。

たものだ」と語ったうえで、「あり得ない判決で、国際裁判も含め、あらゆる選択肢を視野に入れ、毅然と対応する」と語った。

外務省のホームページを見ると、徴用工ではなく「旧朝鮮半島出身労働者」と表記されている。

朝鮮半島からの労働者の動員は、一九三七年に日中戦争が勃発したことで不足するようになった炭鉱や軍需工場の労働力を確保するために始まった政策だった。一九三九年に「募集」という仕組みで始まり、一九四二年からは「官斡旋」という制度によって行われた。朝鮮人に国民徴用令を適用し、「徴用＝強制動員」を始めたのは一九四四年からだった。

原告の四人は全員が一九四四年以前に来日しているのだから、自分の意思で日本にやって来た労働者であり、徴用工ではないというのが日本政府の見解なのである。

ネット空間での言説を見ると、この主張は相当に浸透しているようで、「募集工」「応募工」といった表現が目につく。

日本の雰囲気をよく示したのは、二〇一九年七月にあった河野太郎外相と南官杓《ナムグアンピョ》駐日韓国大使との会談だった。日韓協定に基づく第三国を交えた仲裁委員会の開催を日本が求めていたのに、韓国が応じなかったことに抗議するとして、南大使を外務省に呼んだ場だった。

「国際法に違反している状況を放置しているのは極めて問題で、韓国政府が行っていることは第二次世界大戦後の国際秩序を根底から覆しているに等しいものだ」と河野外相は抗議した。南大使が韓国側の考えを説明しようとすると、その発言を遮った河野外相が「極めて無礼だ」と語気を強めた場面はテレビのニュースで繰り返し報じられた。

外相の苛立つような思いが伝わってきた。ネット上のコメント欄では、外相の言動を支持する声が目立ち、多くの日本人が同様の思いを抱いていることをうかがわせた。

だが少し調べてみると、事態はそれほど簡単ではないことが見えてくる。

大法院の判決をめぐっては、日本の法学者や弁護士らが見解や解説を発表している。裁判への関わり方によって評価は異なるが、法律論としては「ありえる判断」との認識が目につく。

徴用工として連行されたのではなく、自分の意思による労働者だったという主張もいくらか強引だといわざるをえない。国民徴用令はすでに日本で働いていた労働者にも適用された。日本にやって来たのは募集や官斡旋によってだったとしても、一九四四年からは身分が徴用工に切り替わり、制度として自分の意思で離職することができなくなった。

そもそも一九三九年から敗戦までに朝鮮半島から動員された労働者は数十万人に上ると推計されている。募集であれ官斡旋であれ、必要な人数を集めるのは容易ではなく、実態は強制的な連行だったという証言や主張は数多い。

具体例をあげれば、『日本交通公社七十年史』は以下のように記している。

「戦時下の労働力不足を補うため朝鮮から労務者を内地方面に輸送するあっ旋を、ビューローで引き受けたのは、昭和十六年六月からであった。輸送、宿泊、食事の全般にわたる世話で、長いものになると五、六泊にも及び、長期間連続の業務で、沿線各案内所は総動員されるなど、苦労の多い仕事であった」

「ジャパン・ツーリスト・ビューロー」（JTB）が元来の組織名であり、ビューローとはそのことを指している。

そのうえで、苦労の内容を具体的に次のように説明している。

「この輸送は、従来のように団体の人数を鉄道側に申し込めば、あとはただお客のあっ旋をすればよいというものではなかった。逆に全国の鉄道局から団体人数の通告を受け、ビューローの方で一か月分の輸送計画を立てるという戦時下の特殊事情によるものであった。釜山から下関に送られてくる労務者は、毎日五〇〇人ないし一〇〇〇人ぐらいで、これらを、炭坑、一般鉱山、鉄道、土木の業種別に分け、さらに九州、四国、関東、北海道、樺太および南洋群島までの地区別に分けて輸送あっ旋を行った。

そのうえ、下関に上陸する者の大半は裸足のままであったので、大量の草履の買付けからはじまって、農林省に交渉のすえ特配米の食糧切符の交付を受けて弁当の作製、配給などまで、食糧や物資事情の極度に悪化した当時ではなかなかの大仕事であった。加えて、朝鮮労務者の中には半強制的に徴用された者もあって、輸送途中で脱走、逃亡者が絶えず、このあっ旋は担当者にとってつらい嫌な勤めであった」

さらに日本企業を相手取り韓国内で提起されている同様の訴訟は七〇件以上とも報じられており、そうした訴訟での判決が近い将来に相次ぐはずだ。最初に判決が確定した訴訟の原告四人が、国民徴用令の適用以前にやってきたと指摘し「旧朝鮮半島出身労働者」と言葉を代えたところで、問題の本質的な解決になるとは到底思えない。

2 「日本による朝鮮の支配は不法なものであった」

†大法院判決の論理

日本の姿勢の背景に見えるのは、河野外相の「極めて無礼だ」発言に象徴される「日本は正しい」と信じて疑わない認識だ。韓国との外交で以前は弱腰だったが、厳しい姿勢で臨み、しっかりと主張し議論すれば負けるはずがない。そんな思いを日本人の多くが抱いているのだろう。読売新聞が二〇二〇年六月に行った世論調査では、徴用工問題をめぐる日本政府の主張に七九％が「納得できる」と回答し政府の立場を支持している。

日本人の常識からすると、法律論を詳細に検討するまでもなく、韓国の主張は感情的な言いがかりのように聞こえる。その論理は日本人の常識とは隔たりがあまりに大きく、現実のものとは思えない。何よりも決着ずみの問題だとの認識が強く、韓国がまた卑劣にゴールポストを動かしたとの思いがする。

この問題を調べ始めるまで、実は私自身がそのように受け止めていた。

何より理解できないのは大法院判決の根幹をなす論理だ。

「日本による朝鮮の支配は不法なものであった」

そんな馬鹿なとの思いがする。韓国とはきちんと条約を結んで併合したではないか。植民地支配期に悪いことがなかったとは言わないが、朝鮮半島が近代化したのは日本のおかげだろうとの思いもわいてくる。それ以上に、そんなことを今さら言っても過去の歴史がどうなるものでもないだろうとの思いがつのる。

だが、大法院判決はこの論理をもとに、日本による統治は正当な支配ではなく、軍事力を背景にした強制的な占領なのであり、その不法な支配下で行われた戦争のための労働者の動員を認めることはできないし、そもそも朝鮮人を日本人と見なして国家総動員法や国民徴用令など日本の法律を適用したことが不法なのだと判断したのだ。

さらに、日韓請求権協定を「サンフランシスコ講和条約に基づき両国間の財政的・民事的債権債務関係を政治的に合意により解決するためのものであり、日本の植民地支配に対する賠償を求めたものではない」と位置づけ、「請求権協定で放棄した請求権に、不法な支配による損害の賠償は含まれていない」との結論を導いている。

二〇二一年一月に、ソウル中央地裁で言い渡された慰安婦訴訟の判決も、日本からすると理不尽で到底納得できないものだった。慰安婦被害者だとして一二人の女性が各一億ウォンの損害賠償を日本政府に求めて二〇一六年に始まった訴訟で、主権国家は他の主権国家の裁判によって裁かれないのが国際法上の「主権免除」の原則だとして日本は裁判に応じず、判決は原告の要求をそのまま認める内容となった。

主権免除が最大の争点だと日本では報じられたが、判決は主権免除を全面的に否定するものではなかった。「当時日本帝国により不法占領中だった韓半島内でわが国民である原告たちに対して」行われたものなので、主権免除を適用することはできず、例外的に韓国に裁判権があるとの判断を示している。徴用工訴訟で大法院が示した論理を踏襲していることが分かる。

とはいえ判決を何度読み返してみても、どこか別世界か、異なる時代の話のように思えてならない。日本人の常識からは何とも理解しにくい。そこで、この大法院判決が、何を根拠に、どのような論理から生まれたのかをたどってみることにした。

†いつから無効なのか

一九六五年に締結された日韓基本条約は第二条に次のような条文を盛り込んでいる。

「一九一〇年八月二二日以前に大日本帝国と大韓帝国との間で締結されたすべての条約及び協定は、もはや無効であることが確認される」

一九一〇年の韓国併合条約やそれ以前の協約を処理するための条項だった。

韓国との国交正常化のための交渉は、一九五一年のサンフランシスコ講和会議で日本が独立を実現した直後に始まった。台湾の中華民国と同時に米国が促したもので、前年には朝鮮戦争が始まっており、共産圏に対抗するための体制作りが急がれていた。

台湾との日華平和条約は一九五二年に調印されたが、韓国との交渉は難航し、成立まで一四年もの歳月を要した。最大の障害が、植民地支配をどう総括、清算するかという問題だった。

韓国は「当初から不法であり無効だった」と主張した。それに対して「合法であり有効だった」とするのが日本の立場だった。

隔たりは大きく、交渉は難航した。中断を繰り返した末に、たどりついた妥協の産物が第二条だった。

日韓基本条約は英文を正文としており、null and void（法律的に無効）という文言の前に already の語を置くことで妥協を成立させた。

それを日本側は「もはや無効」（今となっては）と、韓国側は「とうに無効」（当初から）と自国の言葉に置き換えて解釈した。「いつから無効」だったのかをめぐり、それぞれが都合よく解釈できる玉虫色の条文だった。

大法院判決は「韓日両国政府は日帝の韓半島支配の性格について合意に至ることができなかった」と言及している。日本人にとって理解しにくい判決が生まれた、これが大きな背景となっている。

†御名のない詔勅

併合条約は無効であり支配は不法であったという主張が、その後、韓国で再び注目されるようになったのは、国交正常化から四半世紀を経過した一九九〇年代になってのことだった。

一九九一年に日本と北朝鮮の間で国交正常化の交渉が始まった。ここで北朝鮮は、併合条約は不法であり当初から無効だったと主張した。それに対して日本は、日韓基本条約と同じ姿勢で処理しようとしたが、まとまらなかった。

そのような状況にあった一九九二年、ソウル大学の李泰鎮《イテジン》教授が、第二次日韓協約について、手続き的な不備が見つかり、国際法上この協約は無効だったとの見解を発表した。条約書の原本に皇帝の署名がない、調印した韓国の大臣と日本公使が全権委任状を持っていなかったと李さんは指摘したと報じられた。

併合に至るまでには以下の五つの外交上の取り決めが結ばれている。

①日韓議定書（一九〇四年二月）
②第一次日韓協約（一九〇四年八月）
③第二次日韓協約（一九〇五年一一月）
④第三次日韓協約（一九〇七年七月）
⑤韓国併合条約（一九一〇年八月）

①で領土使用権、②と③で外交権、④で内政権と軍事権、そして⑤で国権を奪われ、徐々に植民地化が進んだと見るのが韓国の視点である。

その後、書式や手続き上の不備についての指摘が相次ぎ、五つのいずれもが無効であると韓国は主張するようになった。

併合条約については、批准書の役割を果たした詔勅に皇帝の署名がないことを指摘した。韓国の政治を掌握した日本は、韓国の公文書の書式を日本と同じに変えていた。皇帝の裁可を受けた公文書には御名《ぎょめい》と御璽《ぎょじ》をそろえて用いていたが、問題の詔勅には御璽はあるが御名がない。現存する詔勅、勅令、法令の文書のなかで、御璽だけのものは、この併合条約だけだと指摘した。

韓国で提起された主張をめぐり、日本の学者との間で論争となった。条約の発効に批准を必要とするのは議会が大きな力を持つ欧米の政治制度の仕組みであって韓国には当てはまらない、日本と韓国との間でそれ以前に結ばれていた外交協定の中で批准書を伴うものはもともと少数であった、日本の韓国領有は当時の列強の国際的承認を得ていたといった反論があり、韓国の見解への同調が日本で広がることはなかった。欧米の研究者も加えた国際シンポジウムも試みられたが、論争が決着することはなかった。

†「勒約」をめぐる認識の差

そうした流れの中で迎えた一九九五年は、韓国にとって解放から五〇年、日韓基本条約締結から三〇年の節目の年に当たり、日本との関係の見直しを求める動きが表面化した。学者や宗教家、市民団体などが集まった組織が併合条約の無効の確認と日韓基本条約の破棄を求める運動を展開した。国会議員の間では、植民地支配に対する謝罪、併合条約の無効確認などを明記した新しい日韓条約の締結を求める動きが超党派で進められた。

それに対して一〇月五日の参議院本会議で村山富市首相は「韓国併合条約は、当時の国際関係等の歴史的事情の中で合法的に締結され、実施されたものであると認識しております」と述べた。

この発言に韓国は強く反発した。すると村山首相は一〇月一三日の衆議院予算委員会で「若干、舌足らずな点もあった」と先の発言を補足し、「日韓併合条約は形式的には合意して成立しているが、実質的には当時の歴史的事情が背景にあり、その背景のもとに成立した。当時の状況についてては、わが国として深く反省すべきものがあった。条約締結にあたって、双方の立場が平等だったとは考えていない」と釈明した。道義的な責任は認めるとしても、併合条約が合法的に成立したという考えに変わりはなかった。

韓国は納得しなかった。国会は一〇月一六日に「大韓帝国と日本帝国間の勒約《ろくやく》に対する日本の正確な歴史認識を促す決議」を満場一致で採択した。村山発言を「歴史の歪曲」と断じ、「これ以上繰り返してはならない」と非難し、「併合条約と、それ以前に結ばれた条約が源泉的に無効であるとの歴史的事実を認め、それに伴う必要な措置をただちにとる」ことを日本政府に求める内容だった。

「勒約」とは日本では馴染みのない言葉だ。調べてみると「勒」とは馬を制御するために口にかます「くつわ」のことであり、無理矢理押しつけられた条約という意味のようである。

事態を収束させるため村山首相は一一月一四日に金泳三大統領に親書を送った。併合条約などを「民族の自決と尊厳を認めない帝国主義の条約」と位置づけ、「深い反省と心からのおわび」を表明した。

それを韓国が評価し対立は収束し、歴史認識の溝を埋めるための学者レベルの共同研究が提案された。

共同研究は二〇〇一年に、小泉純一郎首相と金大中大統領との首脳会談で推進に合意した。サッカーのワールドカップ共同開催を翌年に控え、融和のムードが高まった時期だった。

共同研究は二〇〇二年から二〇一〇年まで続けられ、分厚い報告書が刊行された。だが、参加者の話によると、議論はかみあわず、感情的な対立も多かったようだ。何か新たな理解や合意が生まれたという報告に接することはなく、互いの違いや隔たりの大きさをあらためて確認する形で終了したとの印象が強かった。

韓国併合から一〇〇周年の二〇一〇年には菅直人首相が談話を発表した。「当時の韓国の人々は、その意に反して行われた植民地支配によって、国と文化を奪われ、民族の誇りを深く傷つけられました」という内容だった。直後の記者会見で、併合の合法性についての認識を韓国の新聞記者が尋ねると、菅首相は「日韓併合条約については、一九六五年の日韓基本条約において、その考え方を確認しており、その考え方を踏襲してきた」と従来の政府の立場を繰り返すにとどまった。

この間、「冬のソナタ」や「宮廷女官チャングムの誓い」といった韓国のドラマが日本で人気を集め、韓国でも日本の大衆文化が解禁され、旅行者も増え相互の往来が活発になった。インターネットが普及し、情報が容易に入手できるようになり、誰でも発言することが可能になった時期でもあった。

†「日帝強占期」の一般化

日韓の双方とも相手に対する知識は増えたはずだったが、理解や友好が深まったとはいえなかった。

韓国では二〇〇〇年代になると、それまで「日帝時代」「植民地時代」などとされてきた日本の支配期を「日帝強占期」と呼ぶことが一般化し、過去の「親日派」を追及する動きが活発になった。盧武鉉政権下の二〇〇四年から翌年にかけては、「日帝強制占領下強制動員被害真相糾明等に関する特別法」「日帝強占下反民族行為真相糾明に関する特別法」「親日反民族行為者財産の国家帰属に関する特別法」などが制定され、それぞれの法律に対応する「真相糾明委員会」といった組織が国家機関として設置された。日本の支配が不法であったことを前提に政治が進むことは日常の光景となった。

そうした韓国での動きに、日本では不快感を抱く人が増えた。「いつまで謝罪を続けるのか」と苛立ち、反発する意識が広がり、「嫌韓」の言動が目立ち始めた。韓国の人や社会がいかに日本とは違い、それが何に由来するのかを説明する書籍が数多く刊行された。分かり合うことなど不可能な相手なのだと説くものが目についた。

こうして振り返ると、互いに歴史認識の違いを自覚し、その溝を埋めることができないかと模索した時期があったことが分かる。往来や交流は盛んになり、互いに相手についての知識は増えたのだが、同時に「嫌韓」や「反日」の動きや感情が大きくなった。

玉虫色の条文であいまいな解釈によって成立させた日韓基本条約だったが、隔たりの溝が大きくなり覆い隠せなくなったといえそうだ。

日本で敗訴した徴用工訴訟が、再び韓国で提訴されたのは、そうした流れの中でのことだった。「日本の支配は不法」との思いが韓国内で深まるのに合わせるように裁判が進んでいったのだ。

†手続き論以前の「無効論」

大法院判決の論理的な中核となった「日本による支配は手続き的に不備があり無効だ」という主張が資料的根拠を伴って登場したのは一九九〇年代だったことが分かった。するとと新たな疑問がわいてきた。

日韓基本条約が結ばれた一九六五年当時、そうした資料や研究は存在しなかった。それまで韓国は何を根拠に「不法」「無効」と主張していたのだろう。

そこで、この問題を主導した李泰鎮さんの論文を読み返してみた。

目に付いたのは併合条約についての以下のような指摘だった。

「韓国を併合するために明らかに計算された持続的な努力の最終結果物」

韓国を併合するために、日本は長い時間をかけて計画的に陰謀や悪だくみを重ねてきたとの認識のようだ。手続き的に不備があるという指摘と並び、条約が不法・無効である理由として示されている。だが、どのような歴史的な事実を指すのかは記されていない。韓国人にとっては言わずもがなの常識なのかもしれない。

併合に至る過程では、いくらか強引なやり取りがあったのだろうとのイメージはあるが、具体的に何があったのかとなるとにわかには思いつかない。

考え込んでしまった。とりあえず思い浮かんだのは閔妃《ミンビ(びんひ)》の暗殺だった。日清戦争直後の一八九五年、日本の勢力拡大に対抗し、ロシアへの傾斜を強めた王妃の閔妃を日本は殺害した。王宮を未明に襲撃し、閔妃を寝室で捕らえて殺害し、遺体を焼き払った。

言い訳のしようのない蛮行だが、「持続的」というのならほかにもあるはずだ。

併合以前の大きな出来事といえば、日清戦争と日露戦争が思いつく。どちらも朝鮮半島をめぐる戦争だったが、主要な戦場は中国の領内であり、その時に朝鮮半島で何があったのかとなると思い浮かばない。従軍慰安婦や徴用工などの問題を通して、併合後の歴史についてはいくらかの知識を持つようになっていたが、併合に至る過程となると、具体的にはほとんど何も知らないことを痛感した。

「明らかに計算された持続的な努力」とはどのようなことを指すのだろう。併合に至るまでに日本が朝鮮半島で何をしたのかを調べてみることにした。

3　朝鮮半島で何をしたのか

†伊藤博文の武勇伝

まず目についたのは日露戦争に勝利して一九〇五年に結んだ第二次日韓協約の調印の過程だった。外交を日本に任せ、韓国は日本の保護国となることを定めたもので、日韓関係の大きな分岐点となった協約である。

漢城新報社長で漢城居留民長だった中井喜太郎が回想録の中に交渉の経緯を紹介してい

る。大使として派遣された伊藤博文と駐箚《ちゆうさつ》軍司令官の長谷川好道から宴席で聞いた話だと記している。

まず公使が各大臣と談判したが、主権の一部を放棄し日本の保護国になるという条約なので、韓国側は容易に承知しない。夜になっても決着しないので、伊藤大使が長谷川大将と五〇人の憲兵を伴って王宮に乗り込んだ。

それでも談判は進まなかった。そこで長谷川大将が参政大臣と外交担当の外部大臣を指し、憲兵隊長に何事かを命令した。すると「日本語の分る大臣はこれを聞いて戦慄した。この場の状況を看て取った大臣の末席文部大臣李完用は、今日の時勢やむを得ないから新条約を承認しては如何と始て口を切った。各大臣は待てゐたものと見え、直に同意をした」とある。

その後の手続きもすんなりと進んだわけではなかった。外部大臣は最後まで抵抗するつもりだったが、実務を日本が掌握しており、大臣の公印を日本人職員が自宅に持ち帰っていたので調印できたというのである。

「命令した何事」かを「言うことを聞かぬなら、殺してしまえ」と記した本もある。伊藤や長谷川の武勇伝の一種として日本では流布した話のようだが、韓国からすれば、武力を背景にした強圧的な交渉の末に奪われた公印を勝手に押されたものであり、到底認めることはできないとの思いを抱くのは自然なことだろう。

†『朝鮮の悲劇』

さらに探すと『朝鮮の悲劇』という本が見つかった。舞台は第二次日韓協約の調印から二年後の一九〇七年。描かれているのは日本軍と戦った義兵の姿である。

作者のフレデリック・A・マッケンジーはカナダ出身で、英国の新聞の記者として、二〇世紀初頭に数度、朝鮮半島を旅していた。

巻頭でマッケンジーは記している。

「一九〇七年の義兵闘争については、読者は、主として私の個人的な観察を頼りにするほかはないだろう。なぜかといえば、私が義兵地帯を実際に旅行したその時点においては、闘争展開中のこの地域を旅行した唯一の白人は私以外にはいないからである」

当時の情勢をこう説明している。

「韓国皇帝は廃位させられ、その軍隊は解散させられた。ソウルの民衆は、陰うつになり憤慨し気力を失っていた。それは、彼らの先祖の無感覚と彼ら自身の怠惰と愚鈍から生じた被害ではあったが、自分たちの国家の存在がくすねとられるのをみながら、抗議を申し立てるということもすすんではあまりしなかった。勝ち誇った日本軍の兵士たちは、ソウル市の各城門や王宮内に立っている。王子たちは、その断髪から服装にいたるまで、いちいち彼らの云うことに従わねばならなかった。長谷川将軍の銃砲は全街路を制圧しており、白衣の人たちはみな物音をたてぬようにそっと歩くのであった」

日清戦争の下関条約によって、清国との宗属関係が破棄され独立国となった朝鮮は、一八九七年に国号を大韓帝国と改め、国王の高宗は皇帝と称するようになった。

その皇帝高宗の退位は、ハーグ密使事件が原因だった。

日露戦争が終わると、第二次日韓協約によって韓国は外交権を失い、日本の保護国となった。ソウルには統監府が置かれ、伊藤博文が統監として乗り込んだ。

そうした日本の支配に抵抗し、一九〇七年にオランダのハーグで開かれた万国平和会議に高宗は密使を送り、日本の非道を訴えようとした。それが統監伊藤の激しい怒りをかい、皇帝の座を追われたのだ。

皇帝の首をすげ替えたのに続き、日本はその一九〇七年に第三次日韓協約を結び内政全般を掌握し、韓国軍を解散させた。少数の儀仗兵を除き、八〇〇〇人以上の軍人が職を失った。

そうした軍人たちが流入することで、日本の支配に武力で抵抗する義兵闘争が本格化していった。

長谷川将軍とは、強引な協約の談判の場面にも登場した韓国駐箚軍司令官の大将長谷川好道である。日露戦争を契機に、日本はそれまでの駐箚隊を増強し駐箚軍に昇格させた。日露戦争終結時点で二万八〇〇〇人の兵力を保持していた。解散させた韓国軍の規模と比べると、その強大さは際立つ。

†義兵を探す旅

『朝鮮の悲劇』を読み進めてみよう。

「日本人に対する民衆の蜂起が起こっている。『義兵』というものがつくられ、めざましい活動を遂行している」「日本軍は、その地域全体を破壊し、大規模な大量殺人を行って仕返しをした」といった話を耳にしたマッケンジーは、「どこまで真実なのであろうか」との思いを抱く。

「ソウルでは義兵は、どこで、どうすれば、見出すことができるのかを告げ得る者は一人もいない」という状況の中、戦闘の現場を目指して歩み出す。寝具も含め使うものはすべて持参する必要があった。マッケンジーは二匹の馬と一匹のロバ、四人の従者を連れて旅に出た。

ソウルを出て目にした村々は「絵のように平和であった」「その美しさと繁栄はまことに百聞は一見にしかずである」と記している。

だがすぐに「来る日も来る日も、焼きつくされた村落、荒れ果てた町、見捨てられた田舎を、ひきつづき通り過ぎながら旅」することになった。

駐箚軍の長谷川司令官は韓国国民に対する告示を発していた。

「韓国皇帝の聖旨を奉し匪徒《ひと》を剿滅《そうめつ》し衆庶を塗炭に拯《すく》はんとするの目的を明にし、匪徒にして帰順するものは敢てその罪を問わず。之を拘拿し或はその所在を密告するものには必ず重賞を与ふべく、若し頑陋《がんろう》悟らず、或は匪徒に与みし、或は之を隠避せしめ、或は凶器を蔵匿する者に至りては、厳罰毫《ごう》も仮す所なきのみならず、責を現犯の村邑に帰せしめ、部落を挙げて厳重の処置に出づべき」

剿滅とは滅ぼしつくすという意味である。義兵はもとより、それを助けたり匿ったりする者がいれば村ごと容赦なく厳罰に処するとの警告であった。「厳重な処置」とはどのようなことなのかをマッケンジーは目撃する。

「村落が焼き払われるに際して、相当数の婦女子や子供が殺されたのは疑いない。日本軍は、多くのばあい、一つの村を急襲し、その近くに義兵でもいようものなら、焼き払う前に、多方面にわたる乱射を思いのままに行った」

それは徹底した焦土作戦だった。

「どうか家を焼かないで。私はここで死ぬのですから」と泣いて頼んだ老人や、草を刈る鎌を研いでいた若者が「反乱軍」だとして銃殺されたといった証言をマッケンジーは数多く書きとめている。

旅立つ直前にソウルで会った指導的地位にある日本人が語った言葉をマッケンジーは思い返している。

「この連中には、日本の強い手を、見せてやるのが必要である。山岳地方の韓国人は、日本軍というものを、ほとんどまったく見たことがないのである、われわれは日本がどのぐらい強いかを彼らに悟らせなくてはならない」

†破壊しつくされた町

　そうした中でも、忠清北道堤川の惨状はマッケンジーを驚かせた。

「他の諸都市も破壊されていたが、しかし、堤川の大破壊とはくらべものにならなかった。ここ堤川は、文字どおり完全に破壊しつくされていた」

　人口は三〇〇〇人ほどで、高い山やまに囲まれた盆地に美しいたたずまいをとっている。高官や貴族が好んで訪れる行楽の地で、英国でいえば休養地のバースやチェルトナムのようなところだと説明し、多くの家は規模も大きく、瓦屋根の家もあり裕福であると記している。

　破壊に至る経緯はこう説明している。

「日本軍部隊は、ある夜、三方から攻撃され、数名が戦死して撤退を余儀なくされた。日本軍は、増援隊を派遣し、戦闘の末に失地を奪還した。そして、日本軍は、この堤川を、地方民に対する見せしめの範例の場所とすることを決意した」

　そして町に火を放った。

「堤川の町全体はたいまつと化して火の海となった。日本軍は、破壊をめざす町中のあらゆる物資をうず高く積み重ねて、その炎をあおり立てた。その結果、この町には、一体の仏像と一軒の官衙のほかには何一つ残らなかった」

廃墟となった町の様子も記した。

「私は、こんなに完全に破壊されたのを、かつて見たことがなかった。一月前までは賑やかな町であったのに、それが今では、黒い灰あくたと燃えさしの小山がただ続いているばかりであった。完全な壁一つ、柱一本、味噌がめ一つ残っていなかった。灰の中をかき回して使えそうな物を捜している男が見えた。しかし、それはまったく徒労であった。堤川は地図上からかき消されていた」

どこまでが事実なのだろう。いくらかの誇張もあるのではとの思いもする。そこで『朝鮮暴徒討伐誌』をめくってみた。朝鮮駐剳軍司令部が一九一三年にまとめた義兵鎮圧の記録である。

すると符合する記述があった。

「初期に於ては、土人亦《また》彼等暴徒に同情し之を庇護する傾向ありしを以て、討伐隊は以上の告示に基き、責を現犯の村邑に帰して誅戮《ちゆうりく》を加え、若くは全村を焼夷する等の処置を実行し、忠清北道堤川地方の如き極目殆《ほとん》ど焦土たるに至れり」

極目とは「目の届く範囲」「見渡す限り」の意味である。

続けてこうある。

「これ固《もと》より彼等暴徒及之を庇護せる土民の罪なりと雖《いえど》も、無辜《むこ》の良民に対しては大に同情すべき点なきにあらざるのみならず、その家財を焼かれ、或は父兄を失ひたるものは却《かえっ》て怨恨の情を発し、その未だ然らざる者も寧《むし》ろ早く暴徒に投じて活路を得んとするものあるに至り、暴徒の強迫に逢ひ、これに投ずるものと相俟《あいま》ち、党与益々増殖せり。茲《ここ》に於て軍司令官は屢々《しばしば》訓令を下し、討伐隊をして厳に良匪を鑑別して玉石混淆に虞《おそれ》なからしめ、且《かつ》焼夷の手段を避けしむるに至れり」

恨みを買い逆効果の大きいことに気づき、焦土作戦を避けるようになったと読むことができる。やり過ぎてしまったとの思いを日本軍は抱いたのだろう。


家を失ったこと以上に父祖代々の記録を焼かれてしまったことを嘆く民衆の言葉もマッケンジーは書きとめている。

「名前もない、恥辱にみちた、無宿者になってしまった」

生活や文化を根底から破壊していた。

義兵にも直接会った。一八歳から二六歳ぐらいの青年で、六人が五種類の銃を持っていたが、一つとしてろくなものはなく、火縄銃も含まれていた。

マッケンジーは義兵の将校の言葉を伝えている。

「われわれは死ぬほかはないでしょう、結構、それでいい、日本の奴隷として生きるよりは、自由な人間として死ぬほうがよっぽどいい」

犠牲の大きな格差

義兵の討伐は一九一一年まで続いた。その間の衝突の総数は二八五二回で、一万七七七九人の暴徒を殺戮し、日本側の戦死者は一三六人であったと『朝鮮暴徒討伐誌』は集計している。最も戦いの激しかった一九〇八年には、一四五一回の衝突があり一万一五六二人を殺戮したとあるので、朝鮮半島のどこかで毎日平均四回の戦闘があり三〇人ほどの義兵が殺されたことになる。

この統計に含まれない民間人の犠牲も多かった。「日鮮良民の損害に至りては頗《すこぶ》る多大にして、所在日本人の暴徒に虐殺されたる数は討伐隊の戦死者に数倍し、鮮民の損害は到底其精数を知る能はざるも、日人の損害に幾倍すべきや固より言を俟たざるなり」と『討伐誌』は記している。

こうした事実を知る日本人はどのぐらいいるのだろうか。恥ずかしながら私は知らなかった。ソウルの国立墓地で二〇年ほど前、日本軍と戦う義兵の姿を描いた大きな絵画を見た記憶があるが、それがどのような歴史を描いたものかに関心を持つことはなかった。

日本軍が記録した一万七七七九人という義兵の死者は、日本の歴史でいえばどのような戦いに相当するのだろう。

調べてみると、一万三五七二人という近似した規模の数字が目にとまった。戊辰戦争の戦死者である。

戊辰の内乱をめぐっては新政府側の死者三五八八人が靖国神社にまつられているが、賊軍とされた旧幕府側の戦死者についてはまとまった記録がない。そこで跡見学園女子大学の奈倉哲三名誉教授が各地の記録類を集めて全体像に迫った研究の成果で、会津や仙台、彰義隊など旧幕府側が八六二五人、薩摩や長州など新政府側を四九四七人と集計している。刑死者や暗殺も含めた数だという。

国土の広い範囲で繰り広げられた戦いという点で共通する。戊辰戦争の記憶が日本社会でどのように継承され今日に伝わっているかを思い起こすと、韓国における義兵の存在観がイメージできるのだろう。

　戊辰戦争は両陣営の合計だが、義兵は一方の側の死者数である。日本軍と義兵の犠牲の格差の大きさに驚く。そうした歴史はそれぞれの社会でどのように伝わったのだろう。日韓における記憶の格差は、犠牲者の格差以上に大きいのではないだろうか。そんな思いがしてならない。

第二章

東学農民戦争

1 隠された歴史

義兵の歴史は驚きだった。日本人が大きな犠牲をもたらしながら、日本人の視野に入っていない歴史が朝鮮半島に存在することを教えられた。気づかない歴史がほかにもあるのではないか。そんな思いでいた時に、京都大学人文科学研究所の研究紀要「人文学報・一一一号」にめぐり合った。二〇一八年春に刊行された「日清戦争と東学農民戦争」の特集号である。

巻頭に掲載された北海道大学の井上勝生名誉教授の論文に目をひかれた。

「東学農民戦争、抗日蜂起と殲滅作戦の史実を探求して」「東学党討伐隊兵士の従軍日誌」という二本の論文だった。

東学農民戦争とは、朝鮮で一八九四（明治二七）年に始まった大規模な農民の蜂起である。「日清戦争の原因」と説明されることが多く、「東学党の乱」、あるいは「甲午農民戦争」と学校で教わった記憶のある人もいるだろう。

放置されていた頭蓋骨

井上さんはもともと幕末維新期を専門とする日本史の研究者だ。ところが北海道大学で一九九五年、六体もの頭蓋骨が見つかった。古新聞にくるまれ段ボール箱に雑然と詰め込まれ校舎の片隅に放置されていた。

誰の骨なのか。なぜここにあるのか。どこへ返したらいいか。そうしたことを調査する委員会が設けられ、井上さんはその委員となった。

一体には墨で書き込みがあった。

「韓国東学党　首魁の首級なりと云う」

さらに書付が入っていた。

「髑髏《どくろ》」との題に続けて「明治三九年九月二〇日　珍島に於て」と日付と場所があり、

「明治二七年、韓国東学党、蜂起するあり、全羅南道、珍島は、彼れが最も猖獗《しょうけつ》を極めたる所なりしが、これが平定に帰するに際しその首謀者数百名を殺し、死屍道に横はるに至り、首魁者は、これを梟《さらしくび》にせるが、右はその一なりしが、該島、視察に際し、採取せるものなり」と記されていた。

一八九四（明治二七）年に殺害された東学農民の指導者の遺骨と伝わるものを、一九〇六（明治三九）年に朝鮮半島西南端の珍島で見つけ持ち帰ったと読むことができる。一九〇四年に始まった日露戦争が翌一九〇五年に終わると、朝鮮半島で優越的な地位を得た日本は一九〇六年に韓国統監府を設置した。実質的な日本統治の始まりであり、多くの日本人が韓国へと渡った。

持ち帰った人物の名前も記されていた。調べると北海道大学の前身である札幌農学校の卒業生で、一九〇六年には農業技術の指導者として朝鮮半島の西南部で勤務していたことが分かった。

日本に持ち込まれた基本的な背景と流れは見えてきた。一方で、この頭蓋骨が誰なのかという点については手がかりがまったくつかめなかった。そもそも日本陸軍がまとめた日清戦争の戦史に、東学農民軍との戦いは、ごく簡単にしか記されていない。

「ここには隠された歴史がある」

そんな思いから井上さんは東学農民戦争の研究に乗り出した。

それから二十余年、井上さんの長年の研究の成果が二本の論文にまとまり、「人文学報」に発表されたのだった。

†日清戦争の経緯

井上さんの研究の詳細に入る前に、日清戦争と東学農民戦争とはどのような出来事だったのかを振り返っておこう。日清戦争に詳しい人などそういるものではない。まして東学農民戦争の詳細となると知る人はさらに少ないだろう。

「近代日本が行った最初の本格的な対外戦争」というのが日清戦争の基本的な位置づけだろう。清国の属国だった朝鮮の扱いをめぐる争いで、圧倒的な勝利で台湾などの領土を獲得した。近代化を成し遂げようとしていた日本は国際法を守り模範的に戦ったといったイメージもある。「栄光の明治」の輝かしい一ページであり、昭和の戦争とは違う「正しい戦争」だったという思いを抱いている人もいるだろう。

だが、日清戦争の姿は近年、新たな資料の発見や研究の進展により大きく描き直されている。そうした成果を踏まえて概観してみよう。

朝鮮半島の南部では凶作が続いていた。ところが政府が派遣する腐敗した役人による過酷な収奪が続き、耐えかねた農民たちが一八九四年春に立ち上がった。結集の中心となったのが民衆宗教の東学だった。これが東学農民の蜂起である。西洋から伝わったキリスト教に代表される西学に対して、儒教や仏教などの伝統的な価値観に立脚した教えが東学で、「斥倭洋」という攘夷の思想を掲げ、平等と助け合いを説いた。

蜂起した農民たちは弊政改革を求めた。政府軍を破り五月末には全羅道の首府である全州を占拠した。

手に負えなくなった朝鮮政府は六月三日に宗主国の清に援兵を要請した。すると翌四日に日本は大本営の設置を決め、「公使館と居留民の保護」を名目に、すかさず朝鮮半島に兵を送った。

清が派遣した兵力は二五〇〇人。それに対して日本は八〇〇〇人の派兵を計画した。

東学農民たちの動きは早く、日清両国の出兵を知ると一〇日には政府と和約を結び、全州から撤退した。

朝鮮政府は日清両軍に撤兵を求めた。日本は出兵の名目を失った。この時に撤兵していれば戦争になることはなかった。

朝鮮駐在の大鳥圭介公使は、ソウルは平穏で、内乱拡大の危険性は少ないと判断し、到着した部隊の第一陣に仁川港に留まるよう指示した。さらに、その後の部隊派遣を見合わせるよう東京に打電した。

だが東京の政権中枢の考えは違っていた。外相の陸奥宗光は一三日、仁川に留め置いた部隊をソウルに入れることを求め大鳥公使に電報を送った。

「何事も為さず、又は何処へも行かずして、終に同処より空しく帰国するに至らば、甚だ不体裁のみならず、又政策の得たるものにあらず」「朝鮮国に対する将来の政策に就いては、日本政府は止むを得ず強硬の処置を執るに至ることあるべし。本大臣はこれに付伊藤伯と商議中なり」

伊藤伯とは伯爵で首相の伊藤博文のことである。その結果、一五日の閣議で、その後の対処方針が決定された。農民の反乱が起こるのは朝鮮の内政が悪いからだとして、「朝鮮の内政改革を清国と協議し、その間は撤兵しない」「清国が同意しない場合は日本単独で改革を進める」が骨子だった。

清国は日本との協議を拒否した。日本は計画通りに残りの兵を送った。

後続部隊の到着と同時に届いた陸奥外相の訓令は、大鳥公使にこう命じていた。

「今日の形勢にては、行掛上開戦は避くべからず。依て曲を我に負わざる限りは如何なる手段にても執り開戦の口実を作るべし」

指示に従い、大鳥公使は口実作りに動いた。まず内政の改革を朝鮮政府に提案した。中央や地方の制度、財政から法律まで広範囲に及ぶものだった。朝鮮の回答は、「改革は日本軍の撤兵の後に行う」というものだった。

釜山―ソウル間の電信線工事に着手することを通知し、日本軍宿舎の設置も要求した。さらに清国の軍隊を撤去させることや、清国が宗主国であることを示す条約や規則の撤廃を求めた。

朝鮮にとってはにわかには受け入れがたい無理難題ばかりだった。

回答は七月二二日に届いた。「改革は朝鮮政府が自主的に実施する」「反乱は収まったので撤兵してほしい」という内容だった。

要求が拒否されたと受け止め、翌二三日、日本軍は行動を開始し、ソウルで王宮を包囲し、守備隊との交戦の末に占拠した。国王の高宗を捕らえ、政権の中枢を担っていた勢力を一掃した。そのあとには、政争に敗れ下野していた国王の父である大院君を担ぎ出して親日政権を樹立した。その政権から清国軍を駆逐してほしいとの要請を受けたとして始まったのが日清戦争であった。

二五日の豊島沖海戦、二九日の成歓の戦いでの勝利を経て、八月一日に日本は清国に宣戦を布告した。九月には清国軍が拠点としていた平壌を陥落させ、黄海海戦で勝利した。十月には鴨緑江《おうりょくこう》を渡り日本軍は清国の領土へと踏み入った。

†東学農民の再蜂起

「日清戦争の原因」と語られることの多い東学の農民たちだが、朝鮮半島での日清両軍の戦いが終わったこの一八九四年秋の段階になっても、その姿はいっこうに見えてこない。

東学農民軍が動き出したのは、その後のことだった。

日本の横暴な振る舞いに朝鮮の民衆は憤った。王宮占拠の報が伝わると東学の農民たちは戦いの準備を始めた。そして秋の収穫が終えるのを待ち立ち上がった。

東学農民軍の再蜂起であった。

近年の韓国での研究により、農民軍の活動は朝鮮半島のほぼ半分という広い範囲に及んでいたことが分かってきた。儒教や仏教などを統合して誕生した東学は、平等と助け合いを説いた。「困者救済」「貪官逐之」など農民軍が掲げた十二条の軍律は東学の教えと民衆の願いを示している。「逆者暁諭」というものもある。従わない者はよく諭せというのだ。驚くまでの理想主義だ。

そうした農民軍の動きを日本は軍事力で鎮圧した。農民側の犠牲者は非戦闘員も含めると三～五万人に達すると試算する研究も発表されている。

だが、日本軍が具体的に何をしたのかは不明だった。戦いの詳細を物語る資料がないのだ。日本側には断片的な記録しか残っていない。農民側の記録や文書類は日本軍が丹念に探索、収集し、ソウルの公使館に送ったとされているが、どこにも見当たらない。

井上さんを研究に向かわせた「隠された歴史」とは、この年の秋から翌年にかけて、朝鮮半島で東学農民軍と戦った日本軍の行動であった。

資料を探し続けた井上さんは二〇一一年に一兵士が記した従軍日誌にたどり着いた。徳島県に残っていたもので、それを読み解き、内容を確認するため数次にわたり韓国に出かけた。現地の研究者と一緒に日誌に記録されていた部隊の活動の跡を歩き、記されている地名や距離、位置関係などを調べ、韓国の研究状況とも照合し、内容が正確であることを確認した。そのうえで遺族の了解を取り付け、日誌の全文と、その意味することの解説をまとめて発表した。それが二〇一八年に刊行された京都大学の「人文学報」に載った二本の論文だった。

2 徹底された日本軍トップの意思

†兵士の従軍日誌

歴史の空白を埋める資料である。

「日清交戦従軍日誌」と題した記録を残したのは上等兵だった。部隊を率いる士官でも、兵士のリーダーである下士官でもなく、上等兵は兵卒である。

一八九四年七月二三日に、「召集令状、村役場より送達あり」と日誌は始まっている。ソウルで日本軍が王宮を占拠した、その日に当たる。翌朝ただちに家を出発した。徒歩と船で二七日に松山の練兵場に到着し、陸軍の後備第一九大隊に編入され、下関での砲台勤務についた。

この間、一〇月一五日には長州出身の井上馨が朝鮮駐在公使になった。内務大臣という政権の要職から転じたもので、首相の伊藤とは同じ長州で幕末の動乱以来の深い関係にあった。

一〇月二八日、後備第一九大隊は「東学党再起に付、討伐隊として渡韓すべし」との命令を受ける。その三日前の二五日に、忠清道で東学農民軍が、日本軍の兵站基地を攻撃した。日本軍の主力部隊が鴨緑江を渡った、その日の出来事だった。

戦いを続けるには前線に物資や兵糧、命令や情報を送り続けることが欠かせない。日本軍は釜山からソウルへと軍用電信線を引き、その線に沿って輸送ルートを設け守備隊を配置した。兵站線は戦争の拡大につれて朝鮮半島を縦断する長大なものとなり、その維持は日本軍にとって経験したことのない規模の作業となっていた。

日本軍にとって死活的に重要でありながら弱点となっていたその兵站線を東学農民軍は攻めた。軍用電信線を切断し、守備隊の拠点をゲリラ的に攻めた。

日本軍がどう対応したのかを従軍日誌からたどってみよう。

東学農民軍の討伐を目的とした後備第一九大隊は三つの中隊で構成されていた。

一一月一二日。ソウルを出発。「各隊とも、忠清・全羅にある所の東徒を鎮滅し、慶尚道路東兵站部に出て待命す可し」との命令を受けていた。

三つの中隊が東路、中路、西路と三つのルートに分かれ朝鮮半島を南下した。日誌を残した兵士は東路を進んだ第一中隊の所属だった。

村々を探索しながら進んだ。

一四日　京畿道の小さな村で、東学幹部の息子である金基龍を村人の密告で捕らえたが、「抵抗するを以て、獄屋より出し、銃殺す」とある。記録されていた最初の殺害である。

近くの村に東学農民が集まっているという情報があり急行。「探索厳にし、その邑民を捕え、詰問《きくもん》」「拾余戸の人家を取巻き、家ごとに探索す。奔る者あれば、是を銃殺す」

詰問とは犯罪を取り調べるとの意味だ。

一七日　忠清道に入る。可興近くの村で、「小敵に出会し、尠時にして撃退し、村家を焚打ちにす。敵死者拾有八名」

記録に残る最初の戦闘である。さらに東学の地域幹部である李敬原を見つけたので「即ち銃殺す」。

二一日　城内洞という村を通過。「民家悉皆焼失せり」。先に通過した後備第一〇連隊が焼いたもので、「我隊至るや、村人又恐怖し逃走す」。

二三日　東学の地域幹部を「銃殺す」とあるが、名前はない。
二八日　新たな任務を命じられた。軍用金三〇〇〇円を第三中隊に届ける護衛で、片道七日間の旅に出発。
一二月三日　第三中隊が進軍した跡を追いかける旅となった。「文義より沃川に至る間の村落、六里間、民家に人無く、また数百戸を焼き失せり。且つ死体多く路傍に斃れ、犬鳥の食う所となる」
一一日　第一中隊に復帰して活動再開。
一三日「家主を獲え、縛して、是を銃殺す」
一四日　慶尚道に入る。「此夜寒冷強く、洗面の際、頭髪凍結せり」
一五日「北風強く、寒気身を貫徹し、昼食凍結す」
一六日「姓は朴、名は龍来」という慶尚道尚州牧使の書記官が東学軍の一員であることを探知し、「急に捕縛し、大に拷問」。東学軍に参加しないと家を焼き、家族を殺すと脅迫されたと白状したので、官職を剝奪し追放した。
一八日「此所の官吏、金光漢、李俊瑞外、数十名東学組員故、悉《ことごと》く銃殺す」
一九日「敵死拾名なり」

二三日「村落を探索して東学残党八名を捕らえ、銃殺せり」
二五日　東学農民軍の大きな拠点である全羅道に入る。「警戒一層厳重たり」
二六日　戦闘となったが「敵早く逃亡して、一人だも見えず、依て人家に火を放ち」て戻ると、宿舎が東学軍によって焼かれていた。
三〇日「寺院及其他の家屋を焼き払ひ」
三一日「東徒の家屋数十戸を焼き払ふ」
年が明け一八九五年になると戦いが激しくなった。
二日「韓人東徒五名を捕拿し来り、拷問の上、銃殺し、死体は焼払えり」
四日「東徒七、八〇名を捕え帰り、拷問せし所、各自白状に及び、依て軽きは民兵に渡し、擲払《なげはらい》となし、重き者二〇名計《ばかり》を銃殺す」

ソウルから三つのルートに分かれ南下してきた部隊は、東学の農民たちを朝鮮半島南西部の一角へと追い込んだ。その一番奥にあるのが珍島である。真っ向からの戦いでは勝てない農民軍は地域の農民たちの中に姿を隠すようになった。そのため自力で捕捉することが難しくなった日本軍は、農民軍に敵対する地元住民に捜索させ、捕まえ、処刑するようになっていた。ここに出てくる民兵とはそのような地元住民である。

†『東学党征討経歴書』

五日　後備第一九大隊は全羅道南部の中心、羅州府に入った。ここに本部を置き、一カ月にわたり最終的な討伐作戦を展開する。

その間の事情は井上さんが見つけ出したもう一つの貴重な記録から紹介しよう。後備第一九大隊の大隊長だった南小四郎少佐がまとめた「東学党征討経歴書」である。山口県にある南少佐の墓を重ねて訪ねるうちに、井上さんは遺族のもとに伝わる遺品を見せてもらえるようになった。そこに含まれていた一点で、南少佐が書いて朝鮮政府に提出した報告書の控えであった。命令や部隊の動きが簡潔だが克明に記されていた。

六日「二小隊を長興方面に出し、賊徒剿滅に従事せしむ。海岸にある賊徒剿滅に着手」
九日「長興・海南の残賊剿滅のため支隊派遣。巨魁等を捕縛」
一一日「石黒支隊へ賊徒を剿滅するの命令を下す」

一三日「海南に至り、各地より到る諸支隊と合し、賊徒剿滅すべき命令を下す」
一五日「白木支隊へ残賊剿滅の命令を下す。松木支隊へ、残賊剿滅すべき命令を下す」
一九日「筑波艦長海軍大佐黒崎帯刀へ、沿海、珍島・済州島等の賊徒剿滅方に関する通報をなす。松木支隊へ賊徒剿滅の命令を下す」
二二日「松木支隊へ。珍島付近の残賊を剿滅すべき命令を下す」

討伐作戦は最終局面を迎え、剿滅の命令を連続して発していた。剿滅とは滅ぼしつくすとの意味であり、皆殺しにしろとの命令であった。

この間を兵士の従軍日誌でたどると次のようになる。

一月五日　民兵が「東徒に組せし者数百、悉く捕え、我隊に送り来り」。詮議の上で「軽きは追放に処し、重きは死に行い」。人数は記されていない。

七日「凡《およそ》三百員程」の敵と戦闘。「眼下に敵を見下し、一斉射撃。猛烈、敵狼狽し逃走。敵死纔《わずか》に拾名」。しばらくすると「凡二千余と認む敵」と戦闘。「一斉射撃を行う、弾丸命中し、敵浮足となる、貶声大地を振動せり。依て我隊は銃に剣を着し、高声を以て敵陣に突入す。敵死数十名、我隊は異状なし」

八日「敵を不意打ち。敵死数十名」

九日「数万の敵軍、襲来せり」との報に接する。これまで遭遇したことのない規模の東学農民軍で、「白衣の敵軍、恰《あたか》も積雪の如、鯨波大地も振動す」とある。朝鮮の民衆は白い衣服を常用していた。

「打殺せし者四八名」などいくつもの激しい戦闘となった。「負傷の生捕拾名、而して日没に相成、両隊共凱陣す。帰陣後、生捕は拷問の上、焼殺せり」

一一日「長興府を出発し、東方海岸に沿ふて行進す。敵を捜索厳にし、男子の通行する者は悉く捕らえ、詢問す」。一人の男が抵抗した。朝鮮兵が怒り、その男を捕らえ、火をつけた藁の中に投げ込んだ。「衣服に火の伝や狼狽し、三丁計り走り斃るを銃発して殺す、見る人々笑わざる者なし」。夕方には、以前に捕らえていた一六人を引き出して拷問した。「八人は免し、残八人は銃殺し、焼捨たり」

一二日「敵の残者拾一名を捕え、殺す」。夕方に到着した村は、住民はすべて逃げて一人もいなかった。

一三日「貶敵の潜伏する者、数十名を殺す」「路血液に染めり、死体を路傍、或は溝に棄てし者、数十名あり」
一四日「捕拿せし拾七名は悉く殺す」
一七日「此の邑の韓民、死体田畑に数十斃れ有り、犬鳥の喰所となれり」
一八日「東徒、追々帰り来るを捕え、悉く殺せし者、参百人に達せり」
二二日「捕獲し来る敵兵拾六名、城外にて銃殺す」
三一日「東徒の残者七名捕え来り、是を城外の畑中に一列に並べ。銃に剣を着け、号令にて一斉の動作、之を突き殺せり。見物せし韓人及統営兵等、驚愕最も甚し」

二月四日には大隊本部のある羅州に一カ月ぶりに帰還した。その羅州の城内で目撃した光景は、凄惨で過酷な日々を過ごしてきた兵士の目から見てもいささか驚きだったようだ。

「南門より四丁計り去る所に小き山有。人骸累重、実に山を為せり。責問の上、重罪人を殺し、日々拾二名以上、百三名に登り、依てこの所に屍を棄てし者、六百八十名に達せり。臭気強く、土地は白銀の如く、人油結氷せり」

重罪人を処刑していたというのだが、その数は少ない日で一二人以上、多い日だと一〇〇人を超えた。それほどの数の重罪人とは、何をした人たちだったのだろう。

民兵に捕まえさせた東学農民をどのぐらい処刑したかを、南大隊長が井上馨公使に報告した記録が見つかっている。そこにはこう記されている。

海南付近二五〇人
康津付近三二〇人
長興付近三〇〇人
羅州付近二三〇人

そのほかに一一の地名を示し、それぞれの地で三〇~五〇名を処刑したとしている。

従軍日誌に戻ろう。

二月六日 「全く東徒鎮定に付、将校、各兵及韓兵等と離別会をなす。酒肴及韓人軽芸者等沢山あり」。仁川の兵站監部から帰還の命令が届く。「残党の敵を索捜し、東学をして再起せざる様致し」ながら、急いでソウルに戻れとの内容。討伐作戦は大きな山を越えた。

二四日 京畿道の利川近くに到着。ソウルは近い。

二八日 ソウル郊外の龍山の基地に戻った。夜になり、討伐隊を慰労するとして、朝鮮の陸軍大臣が国王の勅使としてやってきて勅語を読み上げた。「朝鮮国王万歳、大日本天皇陛下万々歳を三唱」。同時に「本日は大雪降り、殊に雪中に数時間立ちし故、非常に寒気を心身に感ぜり。夜眠を不得」とも記されている。

ここに作戦は終了した。この間一〇九日に及んだ。だが兵にとっての戦争はさらに続き、徳島の自宅に戻ったのはこの年の末、一二月二二日であった。

†「悉く殺戮すべし」

兵士の従軍日誌には体験したり目撃したりした東学農民戦争の実態が克明に記録されていた。捕らえては殺し、従わない村落は焼いた。農民軍の犠牲者は三～五万人と推計されるのに対して、六六〇人程度の規模だった討伐大隊側の戦死者はわずか一人だった。農民軍の主要な武器は火縄銃や竹槍であり、装備の格差はあまりにも大きかった。とても戦争と呼べるものではなかった。

虐殺が積み重ねられたのには理由があった。『南部兵站監部陣中日誌』が伝えている。仁川に置かれた日本軍司令部の記録である。

日誌の一〇月二七日には「川上兵站総監より電報あり」との記載がある。東学農民軍が日本軍の兵站線への攻撃を始めた直後に当たる、兵站総監は大本営の役職で川上操六参謀次長がつとめていた。

その電報はこう伝えていた。

「東学党に対する処置は厳烈なるを要す。向後悉く殺戮すべし」

皆殺しにしろとの命令だった。参謀総長は皇族なので、参謀次長の川上が部隊の運用や作戦の実質的な最高責任者であった。

すると翌二八日に慶尚道の兵站基地から問い合わせがあった。東学農民を二人捕らえたが、指導者とも思えないが斬殺すべきかと判断を仰ぐものだった。「東学党斬殺の事、貴官の意見通り実行すべし」と伝えたことが日誌には記録されていた。

兵士の日誌はソウルを出発する直前の一一月九日に部隊に伝えられた命令を記録していた。

「東学党の根拠を探求し、これを剿絶《そうぜつ》すべし」「其の禍根を剿滅し、以て再興、後患を遺さしめざるを要す」

皆殺しにしろという命令がここでも伝えられていた。

南大隊長が作戦を振り返った講話の記録も見つかっている。それにはこうある。

「多く匪徒を殺すの方針を取れり。けだしこれ小官の考案のみならず、他日、再起のおそれを除くためには、多少、殺伐の策を取るべしとは、公使、ならびに指揮官の命令なりしなり。残徒は皆、残虐獰猛の無頼漢のみとなりし故、また多く殺すの策を必要とするに至れり」

積み重ねられた虐殺は、部隊の指揮官の逸脱とか兵士の暴走とかいうものではなかった。日本軍トップの意思が兵士にまで徹底されていた結果だったのだ。

東学農民戦争は近代日本が朝鮮の民衆と直接向き合った初めての場だった。そこで従わない民衆への対処として日本が選んだのはことごとくの殺戮だった――「隠された歴史」の正体が浮かび上がってきた。

二〇一九年から韓国で展開された日本製品の不買運動で、抵抗の象徴としてよく言及されたのが「竹槍」だった。「竹槍を取って起ち上がろう」といった具合に使われた。意味するところは強大な敵に立ち向かった東学農民たちの精神だったようだが、そのことに気づいた日本人はどのぐらいいただろうか。

韓国の人々にとっては常識でありながら、日本人の視界にまったく入っていない大きな犠牲の歴史がここにも存在することが見えてきた。知ってみれば、どれほど無念なことであったろうとの思いがごく自然にわいてくる。

第三章

関東大震災

1　強まる主張「虐殺はなかった」

†ドラマ「いだてん」

日韓関係の大きな節目となった二〇一九年六月の二〇カ国・地域首脳会議（G20）に先立つこと二週間、NHKが放映した大河ドラマはとても印象深く私の記憶に残った。

この年の大河ドラマは『いだてん』であった。二〇二〇年に予定されていた東京五輪を翌年に控え、戦前と戦後の昭和に二つあった東京五輪（昭和一五年は中止）に関わった人々をめぐる物語で、六月一六日に放映された第二三回は一九二三（大正一二）年に発生した関東大震災が舞台だった。

「浅草の街はたった二日で消えた」とのビートたけしの語りを軸に、激しい揺れと東京を焼き尽くす猛火、その中での人々の姿が描かれた。

中村勘九郎が演じる主人公の金栗四三《かなくりしそう》は、灯りのない夜、瓦礫の街をさまよっていて、松明を掲げた屈強な男たちに取り囲まれた。

「お前日本人か、どこからやって来た」

突然の誰何に金栗は驚き声を発した。

「どぎゃんも、こぎゃんも」

耳慣れない熊本弁に、男たちはいきりたった。

「何だその言葉。お前、日本人じゃないな」

場面は一気に緊迫した。

そこへたまたま知り合いの地元の医師が通りかかり、金栗が怪しい人間ではないと説明してとりなし、難を逃れるという展開であった。

男たちは自警団であり、大きな余震が来るとか、井戸に毒がまかれたとかいった流言飛語が飛び交い冷静さを失っていることが医師の台詞を通して説明された。

ネット上の掲示板では「あれは自警団による朝鮮人虐殺だ」「NHKはさすがだ。逃げずによく取り上げた」といった好意的な感想が目についた。

関東大震災を取り上げるのに、朝鮮人虐殺を避けては通れないとの制作者の思いは伝わってきた。だが、何度見返しても朝鮮人という言葉は最後まで聞こえてこなかった。迫害の一端は演じられていたが乱暴か混乱といった程度のものであった。自警団の男たちは木か竹のような棒を手にしていたが、先の尖ったものは見当たらなかった。現場で慌てて拾った木の棒を金栗に突きつける男も登場しており、虐殺をはたらいた自警団の持っていた道具とはそのようなものだったのかとの印象を持った視聴者もいただろう。

†横浜の社会科副読本

テレビを見ながら、かつて横浜市であった中学生の社会科副読本をめぐる問題を思い出した。

二〇一二年の市議会でのことだった。市教委が作った副読本の関東大震災の記述が問題となった。

そこにはこう記されていた。

「デマを信じた軍隊や警察、在郷軍人会や青年会を母体として組織された自警団などは朝鮮人に対する迫害と虐殺を行い、中国人をも殺害した。横浜でも、異常な緊張状態のもとで、朝鮮人や中国人が虐殺される事件が起きた」

それに対し一人の市議がかみついた。

「虐殺という表現は、例えばナチの大量虐殺とかポル・ポトの大量虐殺とか、そう使う表現ですよ。関東大震災後の世間で使われる表現ではないと思うのですよ」

教育長は答えた。

「虐殺という言葉は非常に強い。一定の主観の入った言葉だと考えております」

そのうえで改訂する考えを表明した。すでに生徒に配布した副読本はすべて回収し廃棄した。さらに、改訂に当たり上司の決裁を受けなかったことを理由に担当職員を処分した。

翌年の副読本はこう変わった。

「異常な緊張状態のもとで、各地で在郷軍人会や青年会を母体として組織された自警団の中に、朝鮮人や中国人を殺害する行為に走るものがいた。横浜市内でも多数の犠牲者を出した」

軍隊や警察の関与が消え、「虐殺」は「殺害」に変わった。

虐殺を否定する動きは横浜だけではない。二〇一七年には東京都議会で取り上げられた。一人の議員が、都立公園内にある「関東大震災朝鮮人犠牲者追悼碑」に犠牲者数として六〇〇〇人という数字が刻まれているのを「一方的な政治的な主張だ」と批判した。朝鮮人活動家が震災に乗じて凶悪犯罪を行い、それに対して自警団が過敏になり無関係の朝鮮人まで巻き添えになって殺害されたのだとの考えを示したうえで、追悼碑は日本人へのヘイトスピーチであり、撤去を含む改善策を講じるべきだと要求した。

追悼碑の前では毎年九月一日に追悼式が執り行われ、そこには代々、都知事が追悼の言葉を届けてきた。だが、この質問を境に、その習わしは途絶えた。

都議会で認識を問われた小池百合子知事は、こう答えている。

「この件は、さまざまな内容が史実として書かれていると承知いたしております。だからこそ、何が事実かについては、歴史家がひもとくものだと申し上げております」

関東大震災における朝鮮人虐殺とは歴史家にしか語れないような不確かな出来事なのだろか。「さまざまな史実」とは何を指すのだろうか。

†中央防災会議の報告書

内閣府中央防災会議の「災害教訓の継承に関する専門調査会」は、二〇〇八年に関東大震災についての報告書をまとめている。

その第四章「混乱による被害の拡大」にはこう記されている。

「朝鮮人が武装蜂起し、あるいは放火するといった流言を背景に、住民の自警団や軍隊、警察の一部による殺傷事件が生じた」「武器を持った多数者が非武装の少数者に暴行を加えたあげくに殺害するという虐殺という表現が妥当する例が多かった」

歴史や防災の専門家らを集めてまとめた政府の報告書だった。公権力の関与も虐殺も認定し、武器を持っていたことも明記していた。虐殺の犠牲者については「震災による死者の一〜数％にあたる」との見方も示している。死者の総数は約一〇万人とされている。

虐殺された人の正確な数は今となっては誰にも分からない。六〇〇〇人という数字は、震災の直後に朝鮮人の留学生たちが「慰問団」と称して各地を歩いて状況を密かに調べ算出したもので、ほかには信頼できる具体的な数字がないこともあり、以前は広く用いられていた。研究の進展により「数千人に上るのは疑いないが、正確に特定することは不可能だ」といった指摘があり、近年では研究者は使わない傾向にあるが、まったく根拠のない数字といったものではない。

この問題を追い続けるノンフィクション作家の加藤直樹さんは「虐殺がなかったなどという学説はどこにも存在しません。虐殺はなかったと主張する本は出版されていますが、虐殺をなかったことにしたい人たちのトリックなのです」と批判する。

だが、「虐殺はなかった」との声は強まり、議会のような公的な空間にまで勢力を広げている。横浜の副読本も東京の追悼の言葉もそうした現場の一つだった。

『いだてん』の制作者がそうした近年の動向や社会の風潮を知らないとは思えない。思案したはずだ。「関東大震災で朝鮮人は大変な目に遭った。無視することなく取り上げなくては」と。

だが同時に「話の本筋ではないのだから、要らぬ反発や批判は招きたくない」とも。「東日本大震災でも海外の人々から賞賛されたように、日本人はどんな混乱の中でも整然と行動し、悪いことはしないものだ」といったナイーブな思いが今日の日本では力を得ている。

そうした事情が重なり合い作り出されたのがあのシーンだったのだろう。今日の日本社会が許容する虐殺像ともいえるのだろう。

それにしてもあいまいである。

予備知識がなければ、虐殺を描いたシーンだとは気づかない人もいただろう。殺した日本人も、殺された朝鮮人も、持っていた武器や凶器も、肝心な詳細は背後の闇の中に塗り込められていた。

2 子どもたちが見た横浜の震災

†四つの小学校に伝わった作文

関東大震災の被災地で繰り広げられた朝鮮人虐殺とは、具体的にどのような事態だったのだろう。

失われた記憶を取り戻すために、とても貴重な手がかりが残っている。横浜に伝わった小学生の作文である。

震災の体験を綴った子どもたちの作文は、東京ではまとめて出版されているが、伏せ字があるなど大人の目を通して手直しされたものだ。それに対して横浜では手書きの作文が四つの小学校で見つかっている。

作文は三つの系統で今日に伝わった。一つは横浜市中央図書館が所蔵するもので寿小と磯子小の二校分。もともとは戦前にあった横浜市震災記念館の収蔵品だったようだ。震災から半世紀に当たった一九七三年に存在が明らかになり、その一部が『朝鮮人虐殺関連児童証言史料』（一九八九年）で紹介されている。

二つ目は石川小のもので、高等科二年の女子三三人の作文。担任の先生が手許に保管し伝わったと考えられている。残る一つは南吉田第二小の「震災記念綴方帖《つづりかたちょう》」一〇冊で、二〇〇四年と翌年に後継の小学校で見つかり、五五六人の手書きの作文が収まっている。この二校分は横浜開港資料館が保管している

ほとんど紹介されたことのない南吉田第二小の作文を読んでみたいと閲覧を申請した。ところが認められなかった。理由を尋ねると、「当館のものならお見せできますが、寄託されたものなのです。ですから、寄託者の了解がなければ公開できないのです」という。

それなら誰の了解を得ればいいのかを確認した。すると「寄託した学校の校長の了解ですが、現在の校長ではなく、寄託した当時の校長の了解が必要です」との返事だった。歴

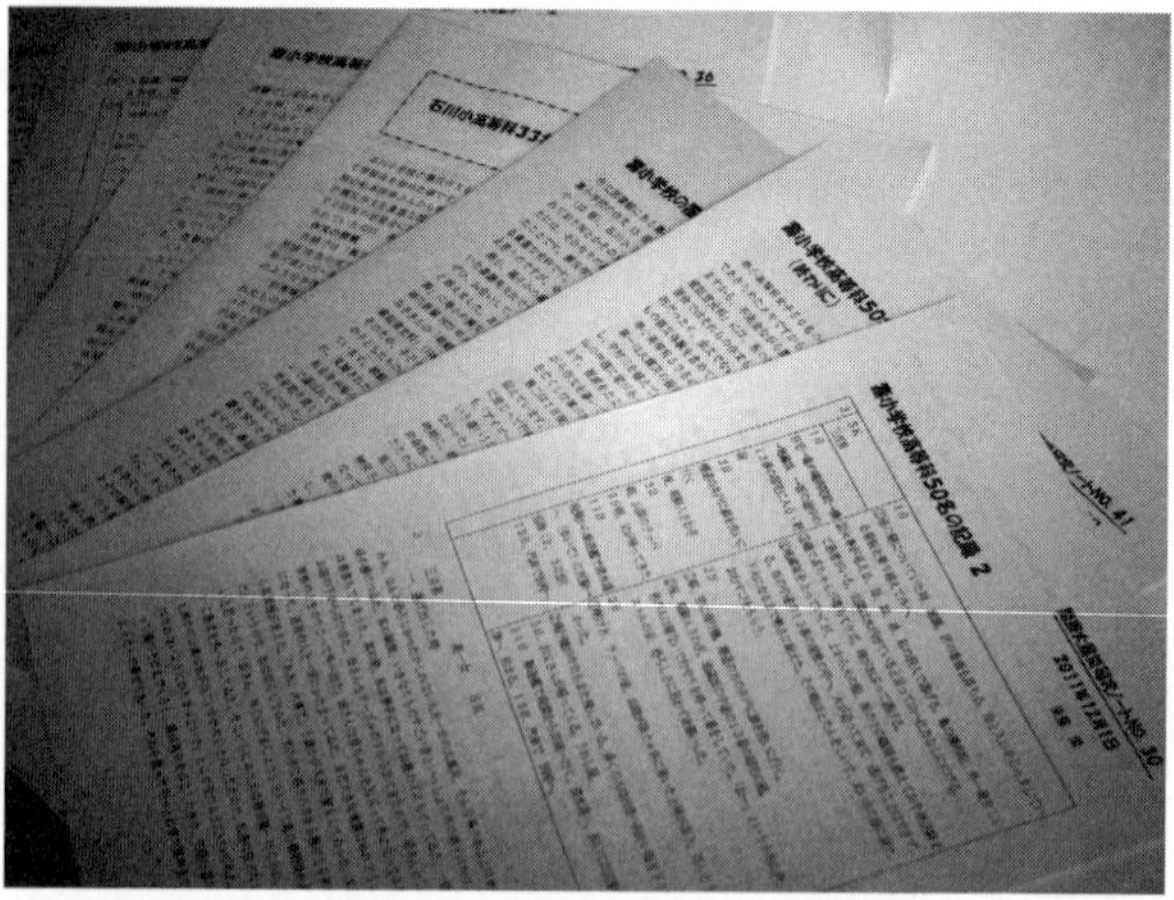

後藤周さんが手作りで発行を続けている「関東大震災研究ノート」。A4で12ページ前後の構成で、2020年末の段階で144号に達している。小学生の作文をはじめ多くの資料や証言を掘り起こし記録している。

史資料を収集し後世に伝えることを役割とする公共施設の対応とは信じられなかったが、見せない、見せたくないという強い意思は伝わってきた。

他の寿・石川・磯子の三校の作文も同様に今日では閲覧できない。

そうした制約のもとでも、この作文をめぐっては地道な研究が積み重ねられてきた。

後藤周さんはその中心的存在である。横浜の中学校の社会科の先生だった後藤さんは、関東大震災の時に横浜で何があったのか、その実態を四〇年以上にわたり調べてきた。まだ閲覧が認められていた段階で寿小などの作文を書き写した。

コピーが許されなかったので、たくさんの鉛筆を持って休みの日に図書館に通ったという。南吉田第二小の作文では発見に関わっている。

長年の活動によって後藤さんが調査した作文は約七百点に上る。そうした成果を「関東大震災研究ノート」と題した手製の冊子にまとめ、研究者や教員仲間に配布してきた。バックナンバーは一四〇号を超えている。

関東大震災といえば東京というイメージが強いが、震源により近い横浜の被害はさらに深刻だった。当時四四万人余だった人口のうち九二%が被災し、被害世帯は九五%に上った。壊滅といっていいだろう。東京はそれぞれ五八%と六三%であり、比較すると被害の大きさが分かる。県庁や市役所は機能を失い交通も通信も途絶した。七つの警察署のうち六署が倒壊や焼失した。駐屯する軍の部隊はなかったので、たちまち治安を維持する公的な機能を失った。

そして治安の空白地帯となった横浜は、最も早く流言が流れ、虐殺が始まった地とされている。

†高等科二年生が記録した「朝鮮人騒ぎ」

その横浜で具体的に何があったのか。後藤さんの「研究ノート」から紹介しよう。作文が残った四校のうち磯子小を除く三校は横浜市街の中心部にあり、九月一日正午前に発生した地震とその後の火災で児童の多くは家を失い、周囲の丘陵地帯へと逃げた。高学年になるとそれなりの行数のものが多い。まず一点を読んでみよう。寿小高等科二年生の作品で、今日の中学二年生に当たる。

九月一日午前一一時五八分、これぞ一生忘れる事の出来ない大地震が起こった。私はお客様にジャガイモを売りかけているとあの地震、「あっ」「地震」といひながらお客と一緒に外へ飛び出した。その時の外のさわぎは大変なもの、瓦は落ちる、前の家はつぶれる、目から口から砂だらけであった。

外通へ畳をひっぱり出して座って居ると、柏屋の人が植木会社の方がいいといったので、夢中になってにげた。会社へ行って、方々を見ると四方八方煙だらけ、そのうちに平楽学校にも火が付いたときいたので、もし火が来たらどうしようと、平楽の方ばかりきにして見てゐた。下町からはぞろぞろと山の方へにげて来る人で一杯になっていた。

この子の家は八百屋だったようだ。港が広がり、県庁や市役所などが建ち並ぶ横浜の中心部、JR根岸線の関内駅を中心とした一帯は、江戸時代の新田開発で誕生した。周囲の丘陵を崩した土で入り江を埋めたてたので、平坦な市街地を囲み急な崖が切り立っているのが横浜の街の特徴である。横浜の中華街を訪れた経験があればイメージしやすいはずだ。中華街は平坦だが、その先の急な坂を上ると港の見える丘公園が広がるという構造である。ちなみにマリンタワーと氷川丸で知られる山下公園は、関東大震災の瓦礫で造成された埋立地である。

激しい揺れの後には火災が発生し燃え広がったが、市街地のすぐ側に急な崖があり、その上に広い丘があったのが東京との環境の違いだった。多くの人が火に追われ、作文が「山」と記している、その丘の上に逃げた。

作文に登場する植木会社も丘の上にあった。欧米で人気の高かった百合の球根の輸出を手がけるなど横浜を代表する企業の一つで、広い敷地に倉庫などの施設を備えていた。

夜になるとこんどは朝鮮人さはぎ、男の人は手に手に竹やりをもっている。私と弟はすみの方に蒲団をかぶって小さくなっていた。その中にチョウチンを消してくださいとゆうてきた。一〇時頃になるとむこうの方でやれ、やれと朝鮮人をおいかける声、私は生きているかいがなくなった。夜になってもまだ地震はちょい、ちょいゆれる、その度に大きな木につかまってゐた。

一日の夜には早くも朝鮮人への迫害が始まっており、それが「朝鮮人騒ぎ」と呼ばれていたことを伝えている。

朝になって外通へ行って見ると、朝鮮人がひもにゆはかれて、交番の前にいた。その内に社会主義者の一隊が、赤旗を立て、表通へおしかけて来た。第一番にお米屋の戸を丸太棒もってこはし入り、玄米やらメリコン粉等をかついで出て来た。前の家の倉は石が落ち、横にかしいで居た。それもかまはず外の人は反物やらフランネルなどをかかへて出して来ました。正午時分になると車にヨウモクなどをたくさんつんできたり、牛肉等をつんできたりしました。

横浜では朝鮮人の迫害と同時に掠奪が横行した。食料を求めて焼け残った米屋などがまず狙われたが、被害はそればかりでなかったことをこの作文は生々しく記録している。

その夜もお父さんは竹の棒をもって番をしてゐた。私はやはりすみの方に小さくなって居た。その時もやはり向の方で朝鮮人を追いかける声、夜になると恐ろしくて、恐ろしくて、しようがなかった。

三日の時、(中略)雨がふり出して来た。にもつもびしょぬれにしてしまった。夜になったらハネのあがった着物のまま眠ってしまった。そしてチョウチンをつけておくとチョウチンをけして下さいといひに来た。私はまた夜かと思うといやでたまらなかった。

あした十時頃、通へ行って見ると家の裏の人足がピストルをもっておどかして居ました。そして、外の家のものなどとって居ました。しばらくすると兵隊等が人足をおいかけてゐった。そして、きずをうけた。その上ピストルをとりあげてしまはれました。それから、私等の方はさはぎがいくらかしずまりました。

被災から数日間の様子と雰囲気が伝わってくる。

†震災当日

ここからは朝鮮人の迫害に焦点を当て時系列に沿って複数の作文を読み進めてみよう。
まずは一日の様子。南吉田第二小六年生の作文はこんなことを記している。

「おまわりさんが、朝鮮人がはものを持ってくるからきたらころしてくださいといってきました。僕はそれをきいたときにびっくりしました。そうして僕は兄さんとないふをもって竹林へいって、まっすぐでじょうぶなような竹をとって竹やりを三本こしらえてくると、むこうのほうで、はうはうという声がしますので、声のするほうをみますとそれは朝鮮のくるのを待っている人でした。そのうちに夜が明けたので兄さんと父さんと僕の三人で、したえいってみますとほうぼうに人が死んでいて」

一日の夜の様子は多くの作文に書きとめられていた。忘れられない夜だったのだろう。
南吉田第二小の別の六年生の作文にはこうある。

「ウワーワーと叫び声「朝鮮人だ」「鮮人が攻めて来た」という声が、とぎれとぎれに聞こえた。あまりの驚にどうきは急に高くなった。まだ夢の様に思はれるので、尚聞いたがやはり誠でした。あたりは急にさはがしくなった。きん骨たくましい男の方達はそれぞれ竹を切って棒にしたり鉢まきをしたりと用意に急しくなった。もう親のこと、兄弟の身を考えている場合ではない。生きてさえ居れば又誰とも会う事が出来るけれど死んでしまえば……。何百何千の山の上に居る人々はただただ朝鮮人が来ない様に神に願より他に道はありませんでした。万一の用意にと女子供までも短い棒を持った。そして今来るか来るかと私とお母さんは互いにだき合って他の人々とすみの方へ息を殺してつっふして居た」

「ズドンズドンと銃せいの音がする。男の方達は合言葉をきめたり、来たら一打にするぞとあの様に力んでいるが、もし負ける様なことになったら、もしそうなった時にはどうしよう。不安はいっそう高なった。昼間は夢のような恐ろしい地震に合い又火事に合い、九死に一生経てこの山に逃出し、夜又この朝鮮人さわぎ、どこまで私たちは不運なのでしょう」

「きらりきらりとお星様はお光になっている。火の手は大分静まったらしい。わーと喜びの声が立った。聞けば朝鮮人は少し先で皆さんでやっとの事で止めて来さったのだそうです。この時の嬉しさよ、なんにたとへん様もありませんでした。今まで皆恐ろしさで口一つ聞かず、あたりは深山の如く静かであったが、再び本のにぎやかさにかへった。まだ足がふるへていて便所へ行く事も出来ない。勢のよい一番鳥の声がかすかに聞こえた。東の空はほんのりと薄明るくなった。ああ不安の一夜は明けた。さあ元気を出して父母等をさがしに行きませう」

ここに記されている流言は朝鮮人が個人で犯罪や悪事をしたといったものではない。「集団で襲ってくる」ことを前提に、「負けることになったら、どうしよう」と真剣に思い込んでいる。銃声が響き、戦場を思わせる緊迫ぶりである。

次は石川小高等科二年生の作文。

「向方の山から男の人が棒を持って「朝鮮人が来たらぶち殺せ」とどなってきた。そのつぎには、血だらけの刀を持って通る人がある。父は朝鮮人が何をするのかしらとそばの人にきけば、女や子供を殺したり、所々に火をつけたのだといった。父はそれではここにいてはあぶないといふので、下へおり、おばさんの家に妹や私をねかしてくれた。そして、父はおぢさんと二人で家の前に棒を持って待っていた。そのうちに「きたぞ、きたぞー」「やぁーやぁー」とどなる声。私は母と妹とおばさんとかたまって家のすみにおりました。そのうちに夜は明けた」

寿小の五年生はこう書いている。

「夜になると、あちらでもこちらでも朝鮮さわぎとなってきたから、僕が竹やりをもってまわりをかこっていると、むこうでは朝鮮人を殺して萬歳々々とさけんでいる。そうすると、又むこうで朝鮮人がいたと云うと「ずどん」と一ぱつうったから、僕はおどろいて一生けんめい又まわりをまもっていると、すぐ前に朝鮮人がいたと云うと、みんなは「はあー」とさけんで、たちまち朝鮮人をやっつけた」

「朝鮮人が来る」「武器を取れ」「殺していい」が朝鮮人虐殺を引き起こした流言の三要素だったと後藤さんは指摘する。一日の段階でその三つがそろっていたことを子どもたちの作文は伝えている。

殺される朝鮮人の様子を記したものもある。

寿小の別の五年生の作文である。

「いよいよ夜になりました。すると朝鮮人が三百人来るとか三千人来るとかいって大さわぎになりました。そして七時頃、歩いて居ると朝鮮人が立木にゆわかれて竹槍で腹をぶつぶつさされ、のこぎりで切られていました」

以下は南吉田第二小の六年生。

「寝やうと思ったが石油かんがぱんぱん破列《ママ》する。ちっとも寝られない。しばらくするとワーと言う声で、はっと思って声のする方を見ると、そんなやつ殺しちまえと云っている。僕は鉄棒を持って行って見ると三人の朝鮮人が大勢の為になぐられて、もはや虫の息であった」

†震災二日目

長かった夜が明け、二日の朝を迎える。

寿小高等科二年生は交番の前で縛られた朝鮮人を目撃した。「交番の前に来ると朝鮮人が電信柱に針金でぎりぎりにゆはかれて、半てんを着ている人に鉄の棒でぶたれている」。それから川へ行くと「焼けた人やころされた朝鮮人がぶくぶくあっちへ流れ、こっちに流れ、その度にくさくて、くさくてしようがなかった」

寿小高等科一年生は野宿で夜を過ごした。「あくる日、夜の明けないうちに起きて見ると、わいわいと男の人たちがさわいでゐるので、母さんにどうしたのかと聞くと、きのうの夜、朝鮮人がくるからねないで下さいと、いひに来たから、きっと朝鮮人かもしれないといった。すると又わいわいと近くに聞こえました。私は声のする方へ行って見ると、男の人が大ぜいで朝鮮人をぶち殺してゐました」

このころから子どもたちが抱いていた恐怖心は憎悪へと変わっていったと後藤さんは指摘する。

「明方になると、鮮人がつかまったといふので見に行くと、大きな人が電柱にゆはかれている。その鮮人は火をつけやうとする所を見つけてつかまえたそうだ。隣の兄さんは大きな竹の棒で頭をぶった。私もぶってやった。私は夜の明けるのが待ちどうしかった」（石川小・高等科二年生）

「道のわきに二人ころされていた。こわいものみたさにそばによって見た。すると、頭はわれて血みどり《ママ》になって、しゃつは血でそまっていた。みんなは竹の棒をつっついて「にくたらしいやつだ。こいつがゆうべあばれたやつだ」とさもにくにくしげにつばきをかけていってしまった」（寿小・高等科一年生）

二日の白昼、虐殺は公然と続いた。

「中村橋の所へ行くと大勢居るから行って見ると鮮人がぶたれて居た。こんどは川の中へ投げ込んだ。すると浴《ママ》いだ。日本人がどんどん追いかけて来て両岸から一人ずつ飛込んで、とび口で頭をつっとしたら、とうとう死んでしまった。

家へかえってみた。すると鮮人が殺されて居るというので見に行ったら、頭に十箇所ぐ

らい切られて居た。又くびの所が一寸ぐらいで落ちる」（南吉田第二小六年生）

「昼ごろになると、朝鮮人が襲来して来たと早くも人々の口から言い伝えられた。朝鮮人さはぎは、ますますはげしくなった。山と川との合言葉を言ったり、日本刀を抜き身に、なたややりを持ったりして、人々は殺気立った。見るのもすごい。昨夜、朝鮮人と在郷軍人とまちがって殺したという事や北方の方へつけ火したということが伝わった。

その時、上の山で「誰か早く来て下さい。朝鮮人が三人いますよ。応援。応援」という若い男女の声もした。殺気立っている人々は、われがちに声のする方へ向かって行った。すぐその後から「井戸を警固して下さい」という声もした」（寿小・高等科二年生）

二日の夜、横須賀から派遣された海軍の部隊が横浜に上陸した。初めて到着した軍の部隊だった。目撃したその姿も子どもたちは書きとめていた。

「兵隊は「朝鮮人が乱暴するから来たのだ」といった。その兵隊が通り過ぎるとずどんずどんと鉄砲の音が聞こえてきた。さらに「わぁわぁ」と鮮人のさわぎ声。あゝこはい。耳に響くのは鉄砲の音。「ばんざい、ばんざい、ばんざい」との声。あっ、かったのだ。うれしい」（寿小・高等科一年生）

†震災三日目以降

激しい混乱は三日を迎えても収まることはなかった。

「朝になると、朝鮮人が耳からえりの所にかけて切られて、肉がでて血がだらだら流れて居て、おかしな言葉でわいわい泣いて行って、警察に連れて行って、大ぜいの人々にさんざんにひどい目にあはされたりして、とうとう殺されてしまいました」「又こわい夜が来ました。すると見張りをしている人達が大ぜいで燈を消して下さい、朝鮮人が六〇人ばかりで団体をなして来た、などと言うかと思うと、朝鮮人がばら玉をなげるから戸を閉めろなどと言って、こわくて、こわくてたまりませんでした」（石川小・高等科二年生）

「三日はお昼ごろから近所の人たちが刀をもったり、やりをもったり、鉄ぼうをもったりして、何をするのだろうと思っていますと、堀之内の方から一人の人をつれて、わあわあと言って中村橋の上に来ました。その一人の人は朝鮮人でした。朝鮮人を橋の上でおおぜいの人たちが刀できったり、鉄ぼうでぶったり、やりでつついたりしていました。しまいには川の中に放り込んでしまいました」（南吉田第二小六年生）

四日になっても状況は変わらなかった。

「ごめんなさい、かんにんしてください、と朝鮮人はさわいでいる。皆で調べてポケットを見たら、毒薬だのマッチと紙をたくさん持っているといって、こんなやつなんか殺してしまわなければいけないといって、やれ、やれといって、ぶったりけったりなんかして、目の上をとびくり出した。それでも起き上がろうとしていた。足と手をしばって学校の坂からずるずると引きずって車橋からほっぽってしまった。それでもまだ上がってこようとした。皆で石を投げたりしたら、死んでしまった」（石川小・高等科二年生）
「四日と五日は朝鮮人のことばかりでおっかなかった」（南吉田第二小六年生）と記した作文もあった。
それにしても生々しい。実にリアルである。同じ光景がいくつもの作文に登場することも目につく。後藤さんの研究によると、作品の内容は公的な記録とも符合しているという。

3　なぜ流言を信じたのか

大人の体験や目撃の証言も数多く刊行され残っている。横浜市が一九二六年に刊行した『横浜市震災誌』から一つだけ紹介しよう。

三日に焼け残っていた電車で雨宿りしていた男たちの会話だという。

「旦那、朝鮮人はどうですい。俺ァ今日までに六人やりました」

「何てっても身が護れねえ。天下晴れての人殺しだから、豪毅なものでサァ」

「この中村町なんかは、一番鮮人騒ぎが非道かった。電信柱に針金でしばりつけて、焼けちゃって縄なんか無えんだからネ。そしてなぐる、ける、鳶で頭へ穴をあける。竹槍で突く、滅茶々々でサァ。しかし、あいつ等、眼からポロポロ涙を流して助けてくれって拝むが、決して悲鳴をあげないのが不思議だ」

「けさもやりましたよ。その川っぷちにごみ箱があるでせう。その中に野郎一晩隠れてゐたらしい。それを見つけたから、皆でつかまえようとしたんだ。奴、川へ飛び込んで向ふ河岸へ泳いで逃げやうとした。旦那、石ってやつはなかなか当らねいもんですぜ。みんなで石を投げたが一つも当らねい。とうとう舟を出した。とこが旦那、強え野郎ぢゃねえか。十分くらい水にもぐってゐた。しばらくすると、息がつまったと見えて、舟の直きそばへ頭を出した。そこを舟にゐた一人の野郎が鳶でグサリと頭を引っかけて、ヅルヅル舟へ引寄せてしまった。まるで木材といふ形だダネ」「舟のそばへ来れば、もう滅茶々々だ。鳶口一つでも死んでゐる奴を、刀で斬る、竹槍で突くんだから」

応援の警察官が初めて横浜に到着したのは四日で群馬県からだった。最初の救護班は兵庫県からで五日に到着した。品川―横浜間の鉄道が開通し、県と市、警備隊司令部の初の合同会議が開かれたのは七日のことだった。

†警察も新聞も

流言を信じたのは被災者だけではなかった。神奈川県警察部刊行の『大正大震火災誌』（一九二六年）にはこうある。

「二日午後八時頃不逞鮮人三百人は保土ケ谷方面より襲来し、西戸部藤棚及び久保山方面に於て警察官と戦闘中なり、同九時頃に至り警察官の力及ばず不逞鮮人は遂に西戸部部内に侵入し、婦人を襲ってその携帯金を略奪し、あるいは強姦し、その甚だしきは局部に食塩を投入するとの蜚語《ひご》同方面に往復したるものより頻《しきり》に伝へられ、寿署部内及戸部方面に聞く喊声《かんせい》は漸《ようや》くこれを事実と信ぜしむるに至り、老若、婦女の恐威言語に絶す」

警察も流言を信じていた。軍にしても横浜にまず派遣したのは武装した部隊だった。目的が被災者救援でないことは明白だ。

首都圏では新聞社も大きな被害を受け、機能を停止した。ラジオはまだなかった。そうした中、全国各地で発行された新聞の号外が残っている。

三日付の小樽新聞は「不逞鮮人各所に放火」、庄内新報は「不逞鮮人益々拡大／王子横浜方面に於て軍隊と衝突」、下越新報は「主義者と鮮人一味／上水道に毒を撒布」「囚人三百人脱獄し鮮人と共に大暴状／強姦掠奪殺人をなす」と報じている。四日付の新愛知には「不逞鮮人一千名／横浜で戦闘開始／歩兵一個小隊全滅か」と伝えている。

井戸に毒を投げ込んだ、家に火を放ったといったレベルに流言はとどまるものではなかったのだ。さらに、こうした新聞が伝えるのは、流言が飛び交ったのは被災地だけではなかったことだ。新聞を作る人々が流言を疑っていたならば、このような号外が出ることはなかっただろう。それはありえることだと全国の至る所で受け止められたことを物語っている。

日本中が「不逞鮮人」に怯えたのだ。

さらに調べてみると、恐怖の対象は国内にとどまるものではなかった。

河北新報は六日付の夕刊の一面に「在鮮不逞鮮人　一斉に蜂起」との記事を掲載している。「五日、市内の某所に達した情報によれば、東京の震災に乗じて不逞鮮人が暴動を起こしたとの報が朝鮮に達するや、事あれかしと期待しつゝあった不逞鮮人は蜂起し、内地人多数虐殺されたため小倉第一二師団に動員令が下り、朝鮮に向かったとの噂がある。一説として掲げて置く」と報じるものだ。

仙台での流言を記録するもので、「某所」が具体的に何を指すのかは推測するしかないが、何らかの公的機関なのだろう。仙台には第二師団の司令部があり、確かめようとしたはずだが、確認できなかったのだろう。しかし捨て置くにはあまりにも重大な情報であり、ありえる事態だ。そんなニュアンスが記事からは伝わってくる。

憎しみや怯えの根源が「被災地での暴動」ではなく、「朝鮮人であること」に発していることを示唆するものと言えるだろう。

†「武器を持つ切れ」

社屋を焼失した東京朝日新聞が震災後初の新聞を出したのは四日だった。手書きの謄写版刷りで一ページだけの作りだった。

地域ごとに何種類かを作ったようで、神奈川県向けとみられるものは、まず「横浜全滅」「横須賀被害激甚」などと箇条書きで各地の被害を報じている。

それに続く記事には「武器を持つ勿《なか》れ」と見出しがある。

そして「朝鮮人は全部が悪いのではない。鮮人を不法にイヂメてはならぬ。市民で武器を携えてはならぬと戒厳令《ママ》司令官から命令を出した」と伝えている。

ここでいう命令はこの四日に出されたもので、「軍隊憲兵又は警察官憲より許可あるに非ざれば、地方自警団及一般人民は武器又は凶器の携帯を許さず」と命じるものだ。二日に戒厳令が布かれ、三日に設置された関東戒厳司令部が被災民に向けて発した最初の命令だった。

四日になると、東京でも横浜でも行政や警察、軍は流言が事実ではないことに気づいていた。だが狂乱状態は容易には収まらなかった。そうなると深刻で厄介だったのは武器を手にした民衆の存在だったことをこの命令は物語っている。

そして子どもたちの作文は、戒厳司令官が「持つ勿れ」と命じた武器の正体も伝えている。それは『いだてん』に登場したような現場で拾った木の棒といったものではなかった。血塗られた日本刀、竹槍や鳶口、鉄の棒やのこぎり、銃声も多くの作文に記録されていた。

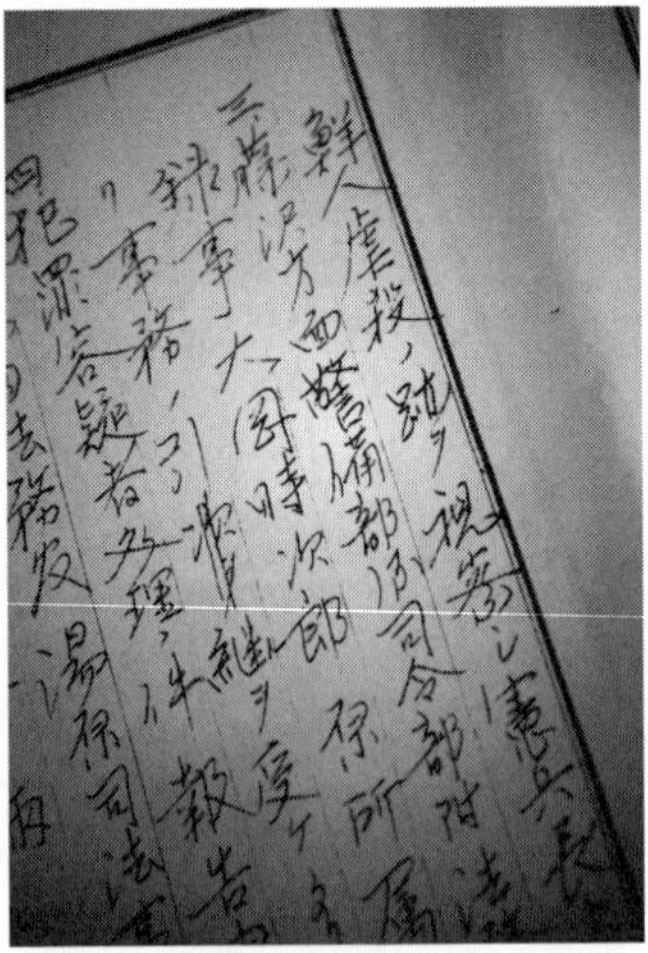

「神奈川方面警備部隊法務部日誌」。「鮮人虐殺ノ跡ヲ視察」の文字が見える。ほかに「鮮人ニ対スル内地人迫害ニ干スル件及犯罪容疑者報告」を陸軍省法務局長に提出したといった記述が確認できる。

†警備部隊法務部日誌

横浜で社会科の副読本から虐殺の文字が消えた二〇一三年は震災から九〇周年に当たり、各地の博物館では記念の企画展が開催された。

その一つ横浜都市発展記念館の特別展には見慣れない資料が展示された。

「神奈川方面警備部隊法務部日誌」と題があった。

戒厳令により横浜一帯に展開した陸軍の部隊で司法業務を担った部門の業務日誌だった。

横浜市中央図書館の貴重書庫に眠っていたのが初めて公開された。来歴の詳細は不明だが、戦後になって古書店を経て購入したもののようだという。

その日誌の一〇月四日にはこうある。

「鮮人虐殺の跡を視察したり」

翌五日にはこうある。

「鮮人虐殺の跡を視察し憲兵長と種々打合を為したり」

法務部は軍法会議で検察官の役割を担った。その担当者が二日続けて同じ現場に足を運んでいた。二日目には軍の警察である憲兵の責任者も同行していた。

震災から一月余、横浜でも朝鮮人殺害をめぐり捜査当局が動いていたことをこの日誌は物語っている。視察した横浜市内の地名も具体的に記されていたが、それまでの研究では虐殺に関連して語られたことのない場所だった。知られていない虐殺が埋もれていることを示していた。

横浜では中学生の副読本から消されてしまった虐殺の文字は、戒厳部隊の公文書でも当たり前に使われていた。殺害や殺人ではなく、軍の法務官が虐殺ととらえる深刻な事態があったことを日誌は雄弁に物語っている。

†朝鮮総督府の報告書

こうした事態を朝鮮の人々はどのように受け止めたのだろう。この側面でも貴重な資料が残っている。

朝鮮総督府がまとめた「避難民及地方民の感想報告」である。日本から逃げ戻った朝鮮人の声を総督府の朝鮮人職員が釜山で聞き取りまとめたものだ。一〇月三〇日付で、その間に六〇〇〇人の避難民に接し、うち一〇〇〇人余は学生だったとしている。

まず感想や意見を分類している。労働者のほとんどは「漠然とした恐怖と単純なる反感」を抱いているが、学生の多数は「深刻なる研究を加えたる組織的反感」を抱いていると指摘している。

そのうえで具体的な声を列記している。

「無判別の虐殺が行われたり。その原因と裏面を考究せざるべからず。即ち朝鮮人という三字がその因を為したるものにして、何と云っても個人的にあらずして民族対民族の行為なり」

「正当防衛なりと弁護するものあるも、これは全く世人を瞞着《まんちゃく》し、殊に朝鮮人を馬鹿にする言なり。たとえ朝鮮人の草賊的暴行者ありとするも、民衆挙《こぞ》って直接行動を要する理由ありや。朝鮮人の生命は蠅よりもなお軽かりしことを回顧すれば事自ずから明らかなるものあり」

「官憲及び知識階級に於ては朝鮮人の惨殺されたるもの少数なりと弁ずるもの多し。然れども我々は被害者の多寡を問わんとするものにあらず。何故なれば民族的意味に於て、少なくも東京附近在留の朝鮮人は日本人の精神的に於ては更に全部殺されたものなればなり。生存者の生命は僥倖《ぎょうこう》に過ぎざるのみ」

「考えてみよ。神様が高い処より見るとき、罪もなく抵抗力もなき幾千の人生が、猫に逐われる鼠の如く瞬間の生命を争う光景を如何に見らるるべきかを」

「竹槍鳶口等を以て野犬撲殺同様の光景を目の前に見せられたる以上、苟《いやしく》も人心を具備せるものなれば悪感の起るを禁じ得ざるは勿論」としながら、「我が日鮮人の関係何れにするも共同生活を避くべからざる運命を有する以上、徒《いたず》らに悪感を包蔵するは相互の不利益を増すのみ」とするものや、守ってくれた日本人に感謝するとの声も記されている。

日本の状況を伝え聞いた朝鮮の現地の人たちの反応も記録している。

「今度の大虐殺は警視庁及軍隊の秘密命令に依り組織的に行われた」と信じるものがいた。

「善後策に窮して事実の隠蔽を事とし東京よりの帰還者に対して事実談を厳禁するのみか、反って事実に反する虚言を強要するが如き、幾ら相手が朝鮮人なりとて余りに無視するものなり」と憤慨するものがいた。「斯くの如くに多数の無辜なる人生を虐殺して此の儘無事に済ませる天道あるべき筈なし。必ず何かの果報あるべし」と呪うものがいた。逃れてきた避難民以上に「不良」な意見が多かったと総括している。

襲った日本人と、襲われた朝鮮人、その双方の当事者、目撃者の生々しい証言をたどることで、朝鮮人虐殺とはどのような事態であったのか、その輪郭が浮かんできた。たどったのは横浜が中心となったが、体験談や証言集は数多く刊行されている。各地での研究を踏まえても、そうした事態が関東地方の広い範囲で繰り広げられたと考えて支障はないはずだ。

第四章 二つの虐殺を結ぶ線

1 日本軍兵士の実像

†何が人々を駆り立てたのか

関東大震災の被災地における朝鮮人虐殺とはどのような出来事であったのかが資料を読み進むことによって見えてきた。

だが、その実態が浮上するにつれ新たな疑問がふくらんできた。流言はあまりに荒唐無稽であり、虐殺はあまりに凄惨である。

「あんな流言をなぜ信じたのだろう」「ためらうことなく人を殺したのはなぜなのだろう」

大学の研究者や博物館の学芸員といった人たちに素朴な疑問をぶつけてみた。ところが納得できる回答を得ることはできなかった。

一九一九（大正八）年に朝鮮であった三・一運動に言及する人は多かった。日本からの独立を願い朝鮮半島に広がった民衆運動だったが、街頭に出て「独立万歳」を叫ぶ非武装の示威行動であり、多くの日本人が犠牲になったというわけではない。「日本の支配に従わない＝不逞」との思いを抱いた日本人はいたとしても、だからといって、「武装した朝鮮人が集団で襲ってくる」といった少し冷静に考えればありえない流言をこぞって信じ見境なく人を殺すものだろうか。

日本から逃げ帰った朝鮮人の声を記録した朝鮮総督府の資料を思い出してほしい。「猫に逐われる鼠の如く」「野犬撲殺同様」に日本人は朝鮮人を殺したのだ。

納得できなかった。

朝鮮からの労働者が増えていたことを指摘する見解もあった。一九一〇年に日本は韓国を併合した。一九一四年に第一次世界大戦が始まると特需となり、不足した労働力を安い賃金で朝鮮人が補った。ところが一九一八年に戦争が終わると景気が冷え込み、日本人労働者と仕事をめぐる争いが起きていたというのだ。

統計を確認すると、一九〇九年に七九〇人だった在日朝鮮人が、一九一八年には二万人を超え、一九二三年には八万人余になっている。確かに増えてはいるが、震災時には関東地方全域でも二万人程度だったと推計されている。住み込みで土木工事の現場を転々とするといった人が多かった時期で、移民というよりは出稼ぎ労働者であった。摩擦や軋轢はあったとしても地域的、あるいは一時的なものだったはずだ。とても関東地方一円で民衆がこぞって殺意をかきたてて襲いかかるような対象だったとは思えない。

作家の吉村昭は『関東大震災』の中で「流言は、通常些細な事実が不当にふくれ上がって口から口へと伝わるものだが、関東大震災での朝鮮人来襲説は全くなんの事実もなかったという特異な性格をもつ。このことは当時の官憲の調査によっても確認されているが、大災害によって人々の大半が精神異常をきたしていた結果としか考えられない」と書いている。

だが朝鮮人を迫害したのは一人や二人ではない。一日や二日でもなかった。広い範囲で幾日にもわたって精神異常とは続くものなのだろうか。横浜の場合を調べると、虐殺と同時に掠奪が大規模に行われた。当時の新聞は、横浜倉庫会社から玄米五万俵、日清製粉会社から麦粉三万俵が奪われたと報じている。人力で運び出したのだろうが、相当な数の人間が関わったはずで、それもことごとく精神異常だったということになるのだろうか。

そこで当時の新聞をめくってみた。気になったのは「不逞鮮人」と同じくしきりに登場する「朝鮮人パルチザン」という言葉だった。ロシア革命に干渉しようとして失敗に終わったシベリア出兵、ことに尼港事件の影響を感じさせた。一九二〇年にロシア・アムール川河口の港町ニコラエフスク（尼港）が赤軍パルチザンに襲われ住民ら六〇〇〇人が虐殺された事件で、日本人も現地に展開していた陸軍の部隊など七〇〇人以上が犠牲になった。日本社会を震撼させた事件で、パルチザンには千人ほどの朝鮮人が加わっていたとされる。だが、そもそも赤軍の主体はロシア人だ。

どうやら、いくつかの要因が重なり、「朝鮮人＝不逞」として危険視する風潮が日本社会にあったことは分かった。だが、そのようなことで無差別の虐殺が引き起こされるものだろうか。そのぐらいの理由で、人はためらいなく人を殺せるものなのだろうか。広い範囲で同時多発的に、幾日にもわたってである。

とても納得できない。

「精神異常」という吉村昭が示した見解にしても、それ以外に確かな理由や原因が見当たらないという程度の意味にすぎないとしか思えない。

人々を虐殺へと駆り立てた殺意の正体とは何だったのか。無差別に殺さなければいけないほどに怖れた「不逞な朝鮮人」とはどのような存在だったのか。疑問がふくらむばかりで釈然としない思いでいた私に、新たな手がかりをもたらしてくれたのは井上勝生さんの東学農民戦争の研究だった。

井上さんの研究は容赦なく朝鮮人を殺した日本兵の姿を明らかにした。その論文を読み進むうちに、東学農民戦争と関東大震災とを結ぶつながりが見えてきた。日本人がためらうことなく虐殺を繰り返し、その犠牲者が朝鮮人であったという点が共通しているだけではない。

加害者の姿が浮かんできたのだ。

手がかりとなったのは東学農民戦争で従軍日誌を残した兵士が所属した部隊の性格だった。

†後備役の兵士

部隊は後備第一九大隊であった。

戦前、日本の男子には兵役の義務があった。二〇歳になると徴兵検査を受けた。合格すると、日清戦争の段階では、陸軍の歩兵なら三年の兵役に就いた。これを現役と呼んだ。兵役はそれでは終わらず、無事に帰郷し日常の生活に戻ってからも、予備役を四年、さらに後備役を五年課せられていた。その期間は、有事になれば、召集され戦地へと送られた。

東学の討伐に動員されたのは、その後備役の兵を集めた部隊だったのだ。

後備第一九大隊は四国一円から後備兵を召集し編成した六六〇人ほどの部隊で、戦死者は一人だった。

その戦死した兵士、杉野虎吉上等兵の墓を井上さんは徳島県内で探し出した。

忠魂碑があり、その碑文には、幼いころから文字をたしなみ、温厚で農商を業とし、結婚していたが子はなかったなどと人柄と人生が刻まれていた。亡くなったのは一八九四年一二月一〇日で、「暴族四方より来り、銃丸雷電星のごとく、黒煙地を捲き、咫尺《しせき》をあきらかにせず、弾丸頤《おとがい》を貫き終に殞命《いんめい》」と状況が記されていた。咫尺があきらかでないとは近い距離でも見分けがつかないことで、頤とは下あごのことである。

享年は三八歳と記されていた。兵士としてはかなりの年齢である。

幕末の一八五七（安政四）年前後の生まれで、明治維新を経て、一八七七（明治一〇）年ごろに二〇歳になったと考えられる。ここで兵役に就いていれば三二歳までには後備役も終え、朝鮮半島の戦場に駆り出されることはなかったはずだ。

徴兵制度が始まったばかりだったので、二〇歳をいくらか過ぎてから徴兵検査を受けたといった事情が想定される。

だがそれ以上に、この年齢になって召集されたことには理由が考えられる。

兵役の義務は国民全員に平等、均等に課せられていたものではなかったのだ。

明治前期の徴兵制度には多くの免除規定があった。身長が基準未満とか、病気といった場合のほかにも、役所に勤める者、官立学校の生徒、一家の主人や跡継ぎ、父兄に代わって生計を支える者といった事情があれば免除された。養子縁組みで他の家の跡継ぎになっても免除対象となることが可能で、代人料というお金を払えば免除される制度もあった。

兵役を忌避する風潮は社会全般に強かった。一方の国にとっても、富国強兵、国民皆兵を目指してはいたが、成人になった男子の全員を兵役に就かせるほど巨大な軍隊を抱える経済力はなかった。服役者は徴兵検査の合格者の中から抽籤で決めていたのが実情だった。

日清戦争の当時、日本陸軍の常設部隊は七個師団だった。専守防衛を掲げる今日の陸上自衛隊が九個の師団と六個の旅団を擁していることを思い浮かべれば、その規模のコンパクトさが理解できる。

そうした結果、兵役の義務の実際は、免除の条件を満たすことのできない人たち、具体的には貧しい農家の次三男といった人々によって担われていた。戦争になり現役兵だけでは戦力が不足したので、予備役や後備役の兵を動員しようとしても、その対象は限られていたのだ。

戦死した杉野上等兵は小作農の次男であったことが井上さんの調査で明らかになっている。

日清戦争では、後備一九大隊のほかに二つの部隊が朝鮮半島に投入された。後備第六連隊と後備第一〇連隊で、いずれも後備兵の部隊であった。釜山から北へ伸びる兵站線を守備、確保するのが任務だった。その兵站線が攻撃の標的となり、東学農民軍との戦いの前線に立たされることになった。二つの連隊だけでは兵力が足りなくなり、東学農民軍討伐の専門部隊として派遣されたのが、四国で編成され下関で砲台の警備任務に当たっていた後備第一九大隊だったのだ。

†自警団

東学農民軍と戦った日本軍兵士の姿が見えてきた。社会的、経済的な弱者によって編成された部隊といっていいだろう。

その浮かび上がった兵士の姿が、東学農民戦争と関東大震災を結びつけた。その間の二八年という歳月の隔たりをつないだのは自警団と在郷軍人会という二つの組織の存在だ。

関東大震災の虐殺は、多くが自警団によって引き起こされたことが知られている。自警団とはどのような組織、存在なのだろう。

「大災害によって人々の大半が精神異常をきたしていた結果としか考えられない」と『関東大震災』で記した吉村昭は、それに続けて「そして、その異常心理から、各町村で朝鮮人来襲にそなえる自警団という組織が自然発生的に生まれたのだ」と書いている。

自警団についてのこれが一般的認識なのだろう。だが、自警団の数は関東地方で三〇〇〇以上ともされている。震災という未曾有の混乱の中、それほどの数の組織がそんなに簡単に生まれ活動できるものなのだろうか。不思議でならなかった。

この素朴な疑問には答えてくれる人がいた。神奈川県の事例を中心に在日朝鮮人の歴史を研究してきた樋口雄一さんで、自警団の基本的な枠組みは一九一八年の米騒動を契機に警察が主導し整備されていたというのだ。

シベリア出兵の準備に軍が買い込んだために米の値段が急騰し、困った人たちが各地で連鎖的に立ち上がった米騒動の参加者は全国で七〇万人以上とされる。大正デモクラシーの社会の風のもと、民主主義の思想や社会主義の考えが普及しつつあった時期の出来事だった。

事態を深刻にとらえた警察を所管する内務官僚たちは、対策として「民衆の警察化」を計画した。そして地域の警察署を動員して組織づくりに乗り出した。

樋口さんの研究によると、自警団、自衛団、自警組合、安全会などと地域によって名称は様々だったが、神奈川県では震災の前年から、警察が呼びかけ組織作りが活発になっていた。防災、警火、防犯、交通事故防止、匪徒取締りなど警察の活動を補助する役割を担うことが狙いとして掲げられていた。

樋口さんは震災のあった一九二三年の横浜貿易新報（神奈川新聞の前身）を調べている。すると以下のような記事が見つかった。

一月七日　保土ケ谷山下自警会が新年会を開催

二月二七日　藤沢町西坂戸親交会自衛団では民衆警察の実をあげるために三月四日に盛大に発会式を実施することになっており、これは西坂・前藤沢警察署長の後援によるものである。
四月二七日　川崎警察署の太田署長が在郷軍人会、青年団と民衆警察事務の遂行について協議し、大いに了解。火事の際に非常線を張るといった警察業務の補助のほか、警官と軍人団による「密行」活動などを話し合った。
四月二八日　戸塚警察署の武田津署長が昨年、自警組合の有効を宣伝したところ、管内の町村で三二七の多数になり、連合会が四九にまで増えた。効果は顕著で火災は前年の三分の一になった。
六月一五日　小田原警察署の甲斐百千署長が考案して管内全部に設置を奨励し着々好成績を収めつつある自衛自警組合は、ほとんど全部に行き渡り、すでに設立した組合数は四〇〇近くになっている。
六月二〇日　原町田では町田警察分署長を中心に安全会をつくることを決定。警察に連絡援助し、災害の警防、衛生、風紀、思想教導が目的。
八月一五日　高津警察署は署長が署員を督励し、自警組合を組織するよう懇談を重ねるよう通知を発した。この働きかけは、在郷軍人分会員、青年団員、消防組、村当局の了解と要望をとることにより実施する。

こうした新聞記事は、「民衆の警察化」のための組織づくりが震災の前に各地で進んでいたことを示している。警察署長が中心となって呼びかけ、働きかけており、警察組織の上層部からの指示によるものであることをうかがわせる。

†在郷軍人会

自警団の中心となったのは在郷軍人会だった。今日では元兵士の親睦団体といった程度のイメージでとらえられがちだが、れっきとした軍の組織の一部だった。

帝国在郷軍人会が結成されたのは一九一〇年。日露戦争の教訓から、現役兵の常備部隊だけではこれからの戦争を遂行できないことを痛感した陸軍の発案だった。日露戦争を経て、兵役はさらに長期化されていた。現役の三年、予備役の四年余に加え、後備役は五年延長され一〇年になっていた。その期間は、召集されたら兵として戦える状態であることを求められ、演習や点呼などの軍事的義務を定期的に課せられていた。そうした予備役、後備役の国民を日常的に統制、監視することが必要となり、ドイツをモデルに導入したのが在郷軍人会の制度であった。組織を地方に細かく張りめぐらせ、全国の会員は発足当初で一〇〇万人、一九三一年で二六〇万人との数字が残っている。巨大な組織だった。

在郷軍人会にとっても米騒動は大きな転機だった。騒擾罪で検事処分を受けたのは全国で八一八五人だったが、そのうち在郷軍人が九九〇人を占めていた。自警団でもう一つの核となった青年団員も八六六人に上った。

富山で漁師の妻たちが立ち上がったと語られることの多い米騒動だが、全国へと広がった運動の中心には屈強な男たちがいたのだ。

治安を担当する警察官僚が脅威を感じたのは当然のことであっただろう。

在郷軍人が米騒動に立ち上がった背景は、先にも触れた明治以来の兵役制度を振り返ると見えてくる。金を払えば免除されるなどという露骨な制度は次第に姿を消したが、高等教育機関に在学していれば猶予されるなど、国民皆兵の立て前とは裏腹に富裕層には兵役をくぐり抜ける手段があり、実際に兵役を担ったのは社会の中下層の子弟だった。そうした事情で兵士になったのだから、部隊での現役勤務を終え日常の生活に戻り在郷軍人になっても、経済的には弱者で、米の値段が上がれば生活に困る人が多いのは自然の成り行きだった。

2　正体不明の敵

†教練用の歩兵銃

関東大震災の虐殺を引き起こしたのが自警団であり、その中心となったのが在郷軍人であることはこれまでもよく知られていた。だが、在郷軍人とは具体的にどのような人たちだったのかを突き詰めて考えたことはなかった。

ところが、朝鮮半島で何があったのかを調べるうちに、日本軍が凄惨な虐殺を重ねていたことが見えてきた。なかでも、井上勝生さんの東学農民戦争研究は、ためらうことなく朝鮮人を殺していた日本兵の姿を克明に示してくれた。

そうした過酷な戦いを強いられた兵は兵役を終えれば、郷里に戻り在郷軍人となった。韓国併合の前後の時期に、義兵を鎮圧した朝鮮駐剳軍には常備の兵力はなく、日本各地の師団が交代で配備されていた。つまり日本全国の在郷軍人の中には、朝鮮半島での勤務経験者が含まれていたのだ。

そのことに気づくと、震災の混乱の中、奪い合うように持ち出されたものがあったことを思い出した。

中学校などに配備されていた軍事教練用の歩兵銃だ。持ち出された銃の数は、横浜では一〇〇〇挺ともされている。

激しい混乱の中のエピソードの一つという程度にとらえていたのだが、誰が、なぜ銃を欲したのだろう。そう考えると新たな像が浮かんできた。

銃への欲求を駆り立てたのは流言だった。朝鮮人が集団で、しかも武装して襲ってくるというのだ。日本軍の部隊と交戦中とか、その結果、日本軍が敗れたといった流言までが飛び交っていたことを当時の新聞は伝えている。小学生の作文は、戦争を思わせる緊張状態だったことを記録していた。

冷静に考えれば、ありえない話のように思えてならないのだが、銃を持ち出したのは一人や二人ではなかった。流言を耳にして、それをおかしいとも不自然だとも思わず、銃を求めて学校に走った人が相当な数に上ったのだ。それも震災の直後、家や生活の基盤が崩壊してしまい、働き盛りの男たちにとって、しなくてはいけないことが山積しているはずの状況の中でのことだ。

それだけ流言が切迫して聞こえたのだろう。思い当たることがあったからなのだろう。武装した朝鮮人が集団で襲ってくる、井戸に毒を投げ入れる、女性を犯す、家に火を放つ——そうしたことは朝鮮半島で経験、目撃したことではなかったのか。そのような事態が起こり得ると疑うことなく思い込む背景、理由があったからだったのではなかったのか。

どうにかしなくてはいけない。そこで頼りにしたのが、実戦で慣れ親しんだ歩兵銃だった。実弾がなくても、銃剣として使えば殺傷力の高いことは経験から身をもって知っていたはずだ。

先に紹介した横浜での震災直後の体験談を思い出してみよう。

「何てっても身が護れねえ」

そう思ったのは、この人だけだったのではなかったのだろう。

探してみると、戒厳司令部が九月三日に在郷軍人会に出した通知が見つかった。

こう伝えるものだ。

「戒厳令を布告し軍隊を配備したる場合に在りては、在郷軍人会が団体として分会又は各種学校に払下げある銃及銃剣を使用することは穏当ならず」

三日といえば、被災地への軍の配備が進み、流言が事実でないことを戒厳司令部はつかみ始めていた。その段階で、持ち出した銃を使ってはいけないと在郷軍人に呼びかけていた。「武器を持つ勿れ」という一般向けの布告に一日先立って在郷軍人に呼びかけていたのだ。

†パルチザンとは誰か

関東大震災当時の新聞を調べて気になったものの一つが「朝鮮人パルチザン」だったことは先にも記した。当初は、シベリア出兵中の日本軍部隊などが虐殺された一九二〇年の尼港事件が頭に浮かんだ。アムール川の河口の都市であった惨劇であった。

ところが調べてみると、朝鮮人パルチザンの活動はソ連領内だけでなく、広い範囲で活発だった。

活動の中心は間島だった。中朝国境を流れる豆満江の北側、今日では中国の吉林省の一部で、延辺朝鮮族自治州となっている一帯である。

そこで何があったのか。日本陸軍がまとめた『間島出兵史』を読んでみた。

第一章「出兵前の情況」は、韓国併合の前後から、日本の支配に納得できない人たちが国境を越えて中国やロシア領に移り住み、そこで独立運動を展開するようになったという事情の説明から始まっている。

「我が行政権の及ばざるを奇貨とし、該地方に散在せる蒙昧なる鮮人子弟を集めて独立興韓の思想を鼓吹し、あるいは外人宣教師の後援の下に布教の美名に藉口《しやこう》して排日思想を宣伝」などとある。

そこは日本軍が手を出せない外国だった。

「殊に間島地方の不逞鮮人は漸次その勢を加え、独立光復を標榜して盛に徒党を糾合し所在鮮人に対して金穀を強徴するとともに、一面百方手段を講じて排日思想の昂上に努め、韓国独立の可能を宣伝したる為、時勢に暗き一般鮮人のこれに共鳴するもの多く、時日の経過とともに、その勢力頓《とみ》に増大し、或は支那官憲と妥協し、或は露国過激派と提携して逐次武力を蓄へ、その行動は益々辛辣露骨なるに至れり」

移住者の多い間島はその拠点だった。

日本からの独立を目指した三・一運動が朝鮮半島全体に広がったのは一九一九年だった。その翌一九二〇年になると、独立運動軍が国境を越えて朝鮮に攻め込むことも頻繁になった。

九月一二日には琿春事件が起きた。中国領内の琿春を馬賊の一隊が襲ったのだ。

その状況は以下のように記されている。

「馬賊は殆ど日本人のみを殺害し、その毒刃に罹りし者一四名、重軽傷者三〇余名に達し、鮮支人の被害者は領事館拘禁中の鮮人三名、支那人一名に過ぎず、而してその残虐なる行為は正に『パルチイザン』と違う所なし」

ここでいう「パルチイザン」とはシベリア出兵で遭遇した赤軍パルチザンを指すのだろう。七〇〇人の日本人を含む六〇〇〇人もが虐殺された尼港事件があったのは、この年の春だった。得体の知れない凶暴で強力な敵との恐れのニュアンスがこもっているのだろう。

この事態を受け、朝鮮軍司令官は「対不逞鮮人作戦に関する訓令」を発した。

「鮮外より武力進入を企図する不逞鮮人団に対しては之に殲滅的打撃を加ふべし。追撃の為、要すれば鮮外に進出するを得」

国境を越えて中国領まで追撃しても構わないという指示である。

このような経緯を経て一〇月、日本軍は国境を越えて琿春に兵を送った。

朝鮮軍司令官の訓令はその目的を次のように示している。

「帝国臣民を保護し、併せて該地方に於ける不逞鮮人及これに加担する馬賊、その他の勢力を剿討せんとす」

だが『間島出兵史』を読んでも、この軍事行動にはよく理解できない点がある。目標とした敵が不明確なのだ。

琿春を襲った賊は約四〇〇人の規模で「従来の馬賊とその趣を異にし頗る過激派に類似」していると指摘する。だが、その内実となると「露人数名、鮮人約一〇〇名、支那官兵数十名」「露国人、支那人、朝鮮人の加入せるは否定すべからず」と記すだけで、どうも判然としない。敵の主体は馬賊なのか、朝鮮人なのか。馬賊が朝鮮人に加担しているのか、朝鮮人が馬賊に参加しているのか、どうもはっきりしない。

そもそも討伐すべき「不逞鮮人」が混じっていた証拠として示されているのは、「領事分館付近に遺棄された死体の背嚢の中に朝鮮独立運動に関する書類数枚を発見した」「屋内に侵入した数名の賊徒が朝鮮語で話していた」「信用できる情報によると、ある朝鮮人独立運動家の配下の者だけでも三〇人が含まれていた」「拉致されて帰還した人の証言によると朝鮮人が数十人いた」――といったものなのだ。

このようにして始まった間島出兵のその後は、日本と韓国の間で、歴史認識の最も隔たっている領域である。青山里の戦いはその典型例で、韓国では「独立軍」の大勝利で数千人の日本兵を殺傷したとされているが、『間島出兵史』をはじめとする日本側資料によれば、さしたる戦闘とも、日本軍の敗北とも思えない。

他の戦闘を見ても、「二〇余名を射殺し家屋一二戸を焼却せり」などの記録はあるが、目に付くのは、逃げた賊を追撃し「四九時間全く密林中に行動せるものにして、その労苦や多大なり」といった記述である。

敵の姿も行動も、さらには勝敗までが曖昧模糊としている。

†大川署長の物語

関東大震災をめぐり、横浜には身を挺して朝鮮人を守った鶴見警察署の大川常吉署長の物語が伝わっている。

以下のような粗筋である。

震災の混乱のなか、鶴見警察署は大勢の朝鮮人、中国人を保護した。ところが朝鮮人に対する敵愾心を異常なまでに募らせた地域の住民が「朝鮮人を殺せ」と叫び押しかけ、警察署を取り囲んだ。「朝鮮人に味方する警察などたたきつぶせ」の声が上がるなか、大川署長は群衆の前に立ちはだかり呼びかけた。

「君らがそれまでにこの大川を信頼せず、言うことをきかないのなら、もはや是非もない。朝鮮人を殺す前にこの大川を殺せ」

この大川署長の態度に、群衆は威圧されようやく鳴りをひそめた。


物語にはいくつかのバージョンがあり、どれが事実に近いのか、具体的に何があったのかを小学生の作文の研究で紹介した後藤周さんが検証している。

その結果、見えてきた実態は以下のようなものだった。

鶴見は今日の横浜市鶴見区に当たり、当時は橘樹《たちばな》郡鶴見町だった。鶴見川の河口の一帯で住宅や工場が多く、震災の被害は比較的少なく、警察署は署員三〇人ほどの規模だった。

震災の翌九月二日、鶴見にも流言が伝わった。東海道を行き交う被災者がもたらしたようだ。

「反乱を起こした朝鮮人が横浜に結集している。やがて鶴見へ襲ってくる」「横浜の焼失は朝鮮人の放火によるものだ」「略奪、強姦、殺人とあらゆる残虐の限りをしている」といった内容だった。

この流言に町は騒然となった。一帯には三〇〇人ほどの朝鮮人が住んでいた。凶器を持った人々が朝鮮人・中国人の迫害を始めた。

報道統制が解除された後の新聞は、鶴見では八人が虐殺されたと県警察部が発表したと報じている。一〇月二一日の東京日日新聞は「鶴見神社境内では三日白昼、二名の鮮人土工が百余人の自警団に包囲されて殺され、死体は付近の鶴見川に投げ込まれた」と報じている。

大川署長は、朝鮮人に反乱の気配がないことを確認し、朝鮮人を雇っている親方たちに危険になれば警察署に避難させるように伝えた。三日までに大勢の朝鮮人・中国人が警察署に保護された。一〇月二一日の読売新聞は、その数を「鮮人三二六名、支那人七〇名」と伝えている。

しかし、人々は「危険な朝鮮人を追放せよ」と要求。町の名家の当主やら在郷軍人会の創設者、さらに地元選出の議員までが警察署に談判にやって来た。そして「四日の臨時町議会で朝鮮人を県外追放するよう決める」と大川署長に伝えた。

詰めかけた群衆は警察署を襲撃する勢いだった。それに対して大川署長は「朝鮮人に手をくだすならくだしてみよ。憚《はばか》りながら大川常吉が引き受ける。この大川から先に片付けた上にしろ。われわれ署員は腕の続く限りは一人だって渡さない」と強い態度で臨んだ。襲撃の勢いは収まったが、群衆は納得せず解散しない。そして「危険な朝鮮人が脱走したらどうするか」と迫った。それに対して、大川署長が「警察署から脱走する朝鮮人が一人でもあれば腹を切って責任をとる」と約束すると、群衆はようやく解散した。

四日の臨時町議会は大川署長を追及する場となった。

「厳しく処分するべき警察署が、憎むべき朝鮮人を保護している。どういうつもりだ」「危険な朝鮮人を警察署に保護することは、あばれるトラを不完全なオリに入れているようなものだ。いつオリをやぶってあばれだすか、町民は不安におちいっている」

それに対して大川署長は反論、説得した。

「流言は何の根拠もないデマだ。彼らは仕事に来ている労働者で、反乱をもくろむことなど絶対にない」「所持品を検査したが武器一つ持っていない。おとなしく、同情すべき被災者なのです」「彼らを保護することは私の絶対的な責任であり、鶴見警察署はあくまでも彼らを保護します。人数が何人増えても、この方針は変わりません」

町の有力者の日記には「大川署長、熱誠を込めて陳ぜり」とある。

そのうえで大川署長は「ぜひ警察署に来て彼らのようすを見てほしい」と呼びかけた。

警察署を訪ね目にした朝鮮人の多くは、日本人の暴行によって負傷しており、「なるほど大川署長の言う通りだ」と納得した。

その様子を町議の一人が回想録に書き残していた。

「心情初めて晴朗となり。誰が発せし流言か、正に根もなきデマに相違なしとすれば、何の縁由もない彼等鮮人をして身命に及ぶ危険に追込み、また当方民衆もたとい一時的にせよ、恐怖に陥り不安の二夜を徹し愁嘆は、実にその愚かさを恥ずべきなり」

大川署長の物語は、朝鮮人の間で語り継がれた。日本人にまで広まったのは戦後もかなり経ってからのことだったという。

†「不逞鮮人」の正体

こうして資料を読み進めると、間島出兵と関東大震災には共通点が見えてくる。打ち倒そうとする敵の正体、実態が不明瞭なのだ。「不逞鮮人」とは誰なのか、「パルチザン」とはどのような集団なのか、どうやら日本人はその具体的な姿を知らなかったようである。大川署長の逸話はそのことをよく伝えている。

それでも敵だと思い追い続けた。間島出兵は他国の領土に踏み込んでの軍事行動だった。ベトナムやアフガニスタンでのゲリラ戦を想起させる環境であり、日本軍にとってはいつ攻撃されるか予測できない緊張の連続だったのだろう。

調べるうちに、そうした正体不明の敵と戦った日本兵の存在が気になった。

韓国併合を経て、日本陸軍は朝鮮半島に朝鮮軍を設け、その配下に二つの師団を置いた。第一九師団と第二〇師団である。

間島出兵や抗日パルチザンとの戦いの中心となったのは、そのうちの第一九師団であった。朝鮮半島の北東端に近い羅南、今日の北朝鮮咸鏡北道清津に本部を置き、羅南に加え咸興、会寧に歩兵連隊を配置していた。

朝鮮軍の部隊の兵は日本本土から送られた。どこで集めた兵だったのだろう。調べてみると、第一九師団の兵は東日本一帯で徴兵した中から配属していた。

平時における師団はほぼ一万人の規模である。その多くを占めた現役兵たちは、兵役期間を終えれば郷里に戻り在郷軍人となった。「不逞鮮人」や「パルチザン」を追いかけ、対峙した経験を持つ兵が、関東大震災の段階では、在郷軍人として東日本の広い範囲に万という単位で存在していたことになる。

それに先立って義兵の鎮圧に動員された兵もいた。さらにシベリア出兵や関東軍での勤務者も加えれば、朝鮮半島や大陸で、どこにいるのか分からない得体の知れない敵と戦うことを強いられた兵は、日本のいたるところに在郷軍人として暮らしていたのだ。

敵と教え込まれた「パルチザン」や「不逞鮮人」は、尼港事件では日本軍を含む六〇〇〇人を皆殺しにし、日本社会を戦慄させた。イメージの中の敵は恐怖の対象として巨大な存在にふくれ上がっていたのだろう。

日本列島の内と外とで分断されていた歴史が結びつき、朝鮮半島での日本軍の行動と関東大震災での虐殺を結ぶ線が、ここに浮かび上がってきた。

†虐殺の基本構図

関東大震災研究の第一人者、姜徳相さんの『関東大震災・虐殺の記憶』には「自警団設立者の一人」の発言が紹介されている。

「若し支那や朝鮮であったらば至る処号叫喚混乱喧噪を極め、到底収拾し得ざる場面を呈していたであろう」

テレビもラジオもない時代に、この人はどうして中国や朝鮮の社会の事情を知っていたのだろう。「喧噪を極め」「収拾し得ざる場面」を目撃したことがあったからの発言ではなかったのか。

在郷軍人には、朝鮮半島で「不逞鮮人」だとして現地の人々を殺した経験の持ち主が含まれていたのだ。そうした在郷軍人を中心に「民衆の警察」の役割を担うべく準備されていたのが自警団だった。

そこへ震災が襲い、不安と恐怖の混乱の中、流言が流れた。多くの在郷軍人にとっては迫真の内容であり、疑うことなく信じた。あれほどのことをしたのだから、仕返しをされると思ったのかもしれない。姿の見えない「不逞鮮人」や「パルチザン」への恐怖や憎悪が蘇ったのかもしれない。

震災によって警察は機能を失っていた。真っ先に流言が流れ虐殺が始まった横浜では七つの警察署のうち六つが倒壊・焼失した。警察の機能を補うことを目的に準備されていたのが自警団だった。治安の空白状態の中で、「民衆の警察」としての職務を果たさなくてはという意識が働いたのかもしれない。

その結果、どこにいるのか分からない敵を探し、歯止めを失い殺意を決壊させ、かつて朝鮮半島や大陸で行ったことを、日本国内で再現してしまった。それが関東大震災の自警団による朝鮮人虐殺の基本的な構図だったのではなかったのか。
そう思えてならない。

第五章

忘れ去った過去

1 改竄された『日清戦史』

†記憶はなぜ失われたのか

東学農民戦争にはじまり義兵の鎮圧、パルチザンとの戦い、そして関東大震災の朝鮮人虐殺に至るまで朝鮮人の大きな犠牲の歴史が浮かび上がってきた。朝鮮人をためらうことなく殺すという行為が日本軍によって間歇的に繰り返され、その経験が在郷軍人の間に蓄積されていただろうこと、自警団は事前に準備されていて、警察がほとんど機能を失った震災の直後に「民衆の警察」という本来の役割を果たそうとしたのではといったことも見えてきた。

しかし、そうした歴史は日本人の記憶や視界からは完全に失われている。

震災の四年後に東京で生まれた吉村昭が『関東大震災』を書き上げたのは震災から半世紀に当たる一九七三年だった。幼い日に両親から聞いた体験談、なかでも「人心の混乱に戦慄した」ことが執筆の動機だったと記している。

ところが、その混乱の原因を「精神異常」と結論づけていた。吉村の両親の世代であれば、虐殺の背景にあった社会的な事情を知らなかったとは思えない。なぜ日本社会はそのような記憶を失ってしまったのだろう。

†戦史から削除された記録

東学農民戦争の実態を追い続けた井上勝生さんは、『日清戦史』を詳細に検討している。陸軍参謀本部が編纂した日清戦争の正史であり、一九〇四年から一九〇七年にかけて全八巻が刊行された。

東学農民軍の討滅作戦は第八巻の第四三章「兵站」の四「朝鮮に於ける中路及南部兵站」で触れている。

「全羅、忠清、江原、慶尚の諸道に東学党の暴動再び起こり」「賊の離合集散常なくいたずらに東奔西走」などと始まり全部で三六行である。

ソウルより北の黄海道での東学農民軍の蜂起と後備第六連隊が中心となった討滅作戦は比較的正確に記されていた。

ところがソウルから南へと向かった後備第一九大隊については「一挙賊の巣窟を屠《ほふ》りその根底を芟除《さんじょ》する」ために派遣したと説明したうえで「一二月三一日より羅州に向い運動し、一月上旬全く羅州地方を平定し、二月上旬に帰還の命令を受けた」と記している。実際は一月五日に羅州に入り、そこから一月にわたり羅州平野と珍島での凄惨な掃討作戦を展開したのだが、その間の苛烈な戦いの日々はすっぽりと抜け落ちていた。

第八巻の巻末には「日清戦暦」と題した日清戦争の年表が掲載されている。「一個中隊以上のもの」を記載したとの説明があり、戦闘、偵察、小戦、敗兵の撃攘、糧秣輸送、小闘、占領、敵兵襲来など三三〇の事項が並ぶ詳細なものだ。

だが、そのなかに東学農民軍との戦闘は一項目もない。賊徒や暴徒の討伐、掃討は対象外かといえば、そうではない。新たな領土となった台湾であった「蕉杭庄付近の賊徒掃討」「火焼庄付近における残賊の討伐」は載っている。

東学農民討滅作戦では、大隊や連隊規模で総数四〇〇〇名の兵が動員された。東学農民軍には万単位の死者が出た。しかし、まったく年表には載っていない。

日清戦争の公式の戦史では、朝鮮半島南部での東学農民軍との戦いはなかったことにされていたのだ。

†戦死した兵士

井上さんは、さらに驚くべき事実を見つけている。

後備第一九大隊でたった一人の戦死者だった杉野虎吉上等兵の記録を井上さんは探した。すると徳島日日新聞で二つの記事が見つかった。

一八九五年一月六日の紙面には「軍人の妻」と題する記事があった。阿波郡市香村の杉野虎吉上等兵が昨年一二月一〇日、忠清道連山県において戦死したと伝え、商人であったなどの人物像にくわえて、妻タネの「悲哀痛哭」を報じていた。

一月二三日には「名誉の戦死者」という見出しの記事があり、杉野の上官、小隊長水原熊三中尉が家族に送った手紙が掲載され、下顎に弾丸が命中しての即死だったと当時の状況が伝えられていた。

井上さんが見つけ出した杉野上等兵の忠魂碑の碑文とも内容は一致していた。

ところが戦死者の記録である「靖国神社忠魂史」には、杉野上等兵が亡くなった戦いそのものが見当たらなかった。陸海軍省と靖国神社が編纂した戦死者と戦病死者を網羅した名簿なのだが、記載されている後備第一九大隊の死者はすべてが戦病死者で、杉野虎吉の名前はない。

そこで杉野虎吉上等兵を探すと、「成歓の戦」にその名前があった。戦死したのは明治二七年七月二九日と記されていた。

成歓の戦は清国軍との最初の地上戦である。杉野上等兵が召集令状を受け取ったのは七月二三日前後で、戦死したとされる二九日は、四国各地から召集された後備兵たちが松山の練兵場に集結している途中で、後備第一九大隊はまだ実体のない段階だった。

戦死という最も厳かな事実まで、なぜ改竄したのだろう。

「東学農民軍との戦いをなかったことにしたのだから、戦死者がいては辻褄があわなかった」と井上さんは考えている。

†戦争はこうして始まった

日本陸軍が編纂した『日清戦史』の中で、事実を改竄していたのは東学農民軍との戦いだけではなかったことが研究の進展によって明らかになっている。

その最たるものは戦争の発端となったソウルの王宮、景福宮を占拠し王を手中に収めた一八九四年七月二三日の経緯である。

『日清戦史』は次のように記している。

「人民の騒擾を避けんが為め特に二三日払暁前に於て右諸隊を京城に入れ、その進んで王宮の東側を通過するや、王宮守備兵及その附近に屯在せる韓兵突然たって我を射撃し、我兵も亦匆卒《そうそつ》応射防禦し、なおこの非規律なる韓兵を駆逐し京城以外に退かしむにあらざれば、いつ如何の事変を再起すべきも測られざるに因り、ついに王宮に入り韓兵の射撃を冒して漸次これを北方の城外に駆逐し、一時代《かわり》て王宮四周を守備せり」

混乱を避けるため夜明け前にソウルに入った日本軍が王宮の側を行進していたら、突然朝鮮側の守備兵から射撃を受けたので、防禦のために応戦して王宮内に入り、守備兵を駆逐して、暫定的に王宮の守りについたというのである。

さらにこう続く。

「山口大隊長は部下の発火を制止し国王の行在《あんざい》に赴けり。しかるに門内多数の韓兵麕集《ぐんしゅう》騒擾するの状にあるをもって、韓吏に交渉しその武器を解いて我に交付せしめ、ついで国王に謁を請い、両国軍兵不測の衝突に因り宸襟《しんきん》を悩ませしを謝し、且つ誓て玉体を保護し決して危害なからしむべきを奏せり。（中略）この日午後、大鳥公使は韓廷の請求により王宮の守備を山口少佐の率いる大隊に委嘱す」

日本軍の行動は慎重、丁重で、王宮を守備することになったのは朝鮮側から依頼を受けたからだったと説明している。

日清戦争はこのようにして始まったと、この『日清戦史』をもとに語られてきた。

2　戦史改竄の真相

†残っていた戦史の草案

ところが、その戦史の草案が福島県立図書館に収蔵されていた。福島県郡山市の実業家

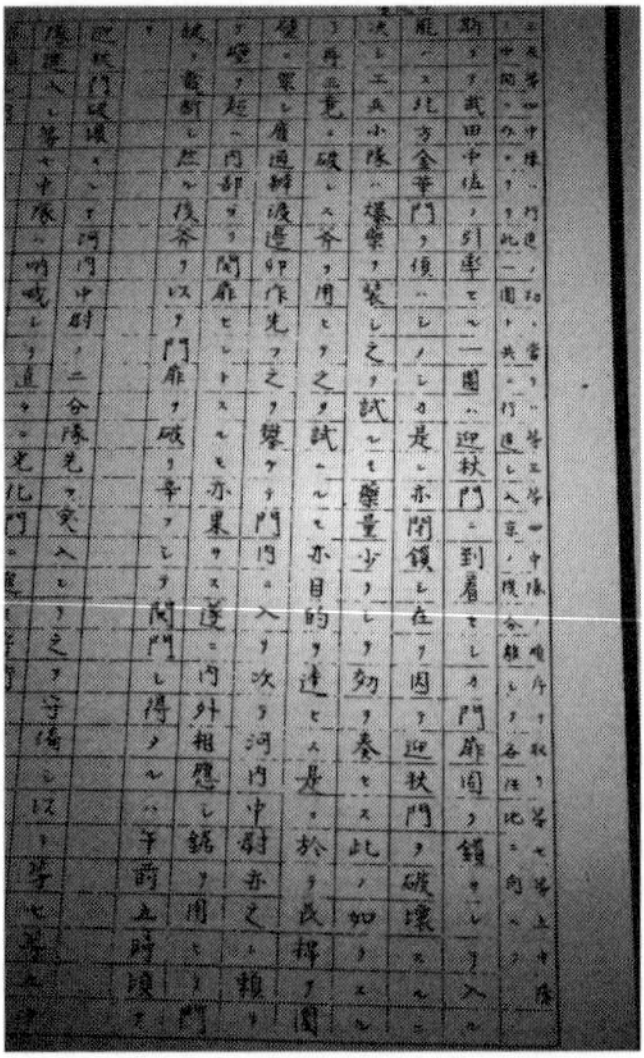

採用されなかった「日清戦史」の草案。ソウルの王宮を攻める場面で「迎秋門ヲ破壊スルニ決シ工兵小隊ハ爆薬ヲ装シ之ヲ試ル」と几帳面な文字で記されている。

が残した軍事資料のコレクションに含まれていたもので、奈良女子大学名誉教授の中塚明さんが読み解いた。

中塚さんの研究によると、草案は戦争の端緒を次のように記している。

仁川に上陸し待機していた日本軍は清国軍を目指して南下しようとしていた。

すると外務省から派遣された本野一郎参事官が七月二〇日、部隊を率いる大島義昌混成旅団長を訪ねてきた。

清国兵を撤退させろと朝鮮政府に要求し、その回答の期限を二三日に設定していると説明したうえで、「期限に至り確乎たる回答を得ざれば、まず歩兵一個大隊を京城に入れてこれを威嚇し、なお我意を満足せしむるに足らざれば旅団を進めて王宮を囲まれたし。然る上は大院君を推して入闕《にゅうけつ》せしめ彼を政府の首領と為し、由て以て牙山清兵の撃攘を我に嘱託せしむるを得べし。因て旅団の出発は暫く猶予ありたし」と作戦の変更を求めた。

要求が受け入れられない時は、政権を交代させたいので、王宮を包囲して軍事力で脅してほしい。そのために清国軍と戦うために南下するのをしばらく待ってほしいという要請であった。

「南下を延期する事は戦略上の不利言を待たざりしと雖も、開戦の名義の作為もまた軽んず可らず」などと悩んだが、親日政権ができれば、その後のソウルの警護や物資の運搬も楽になると判断し、受け入れたと草案は述べている。

作戦行動の詳細も草案は記録していた。

「準備全くおわり、旅団長は徹夜眠らずして時期を待ちたりしが、二三日午前零時三〇分に至り公使より電報至れり。いわく『計画の通り実行せよ』と。ここにおいてか混成旅団の朝鮮王宮に対する威嚇的運動起こる」

作戦の核心部隊となったのは歩兵第二一連隊の第二大隊で、「王宮に侵入し、韓兵を駆逐し国王を擁しこれを守護」せよと命じられ、工兵の小隊を伴い午前三時に出発した。

「一団は迎秋門に到着せしが、門扉固く閉ざされ入るあたわず。北方金華門をうかがわせ

大鳥公使大院君を擁護入城の図（橋本周延画、1894年）

しめるがこれも閉鎖し在り。因って迎秋門を破壊するに決し、工兵小隊は爆薬を装してこれを試みるも薬量少なくして功を奏せず。かくのごとくすること再三、ついに破れず」

工兵を伴っていたのは王宮の門を破壊するためだったが、爆破できなかった。

「斧を用いてこれを試むるまた達せず。ここにおいて長桿を囲壁に架し、雇通弁渡辺卯作まずこれを攀《よ》じて門内に入り次いで河内中尉これを頼りて壁を越え、内部より開扉せんとするも、また果たさず。ついに内外相い応じ鋸《のこぎり》を用いて門楗《かんぬき》を裁断し、しかるのち斧をもって門扉を破り、かろうじて開門したるは午前五時ごろなり」

戦国時代の城攻めかと思わせる光景である。雇通弁とは雇った通訳のことである。

「迎秋門破壊するや河内中尉の二分隊まず突破しこれを

守護し、もって第七、第五中隊進入し、第七中隊は吶喊《とっかん》して直ちに光化門に進み守衛の韓兵を駆逐してこれを占領し内より開門せり。しこうしてその一小隊は更に建春門に進み内部より開門す。この間守備の韓兵は一も抵抗する者なく皆北方へ向かって逃走したり」

力ずくで門をこじ開けて侵入し王宮を占拠したのだ。

そして国王を探した。

「第五中隊長より報あり、いわく『国王雍和門内にあり』と」

謁見した王に大隊長はこう述べた。

「図らずも両国の軍兵交戦し殿下の宸襟を悩ませしは外臣の遺憾とする所なり。しかれども貴国兵すでにその武器を我に交付せり。我が兵士玉体を保護し決して危害の及ばざるを期すべし。殿下幸いにこれを諒せよ」

王が何と答えたかは記されていないが、選択肢があったとは思えない。その結果は以下の様に記されていた。

「雍和門に在りし韓兵の武器はもちろん、なお門内を捜索してその隠匿の武器をも押収しこれを昏居門外に運搬せしむ。この間第五中隊を雍和門に集合し宮殿の周囲に哨兵を配布して警戒す。これらの動作全く終われるは午前九時過ぎなり」

ソウルの朝鮮軍兵営など軍事施設も占領した。国王を掌中に収め親日政権を発足させ、その政権から清国軍駆逐の依頼を受けたとして戦争を始めたという経緯を草案はつぶさに記録していた。

王宮占拠のほぼ一月後の八月二〇日に結ばれた「日韓暫定合同条款」には次のような条項が含まれている。

「本年七月二三日王宮近傍に於て起こりたる両国兵員偶爾衝突事件は彼此共に之を追究せざる可し」

何のための条項だったのか、草案の存在を知るとよく理解できる。

†草案はなぜ破棄されたのか

この草案がなぜ採用されなかったのか。日清戦争の戦史編纂の経緯を示す資料も明らかになっている。元防衛研究所戦史部所員の五十嵐憲一郎さんが陸軍参謀本部の会議録を防衛研究所図書館で見つけた。

『日清戦史』の刊行が始まる一年前、一九〇三年七月一日にあった部長会議で、戦史を担当する第四部長大島健一の主張が次のように記録されていた。

まず草案を次のように指摘する。

「既成の第一種草按は、忌憚なく事実の真相を直筆し、陸軍用兵家の研究資料に供し、兼て軍事の素養なく東洋の地形事情に通ぜざるものをして、戦争の経過を了解せしむるを首とせり」

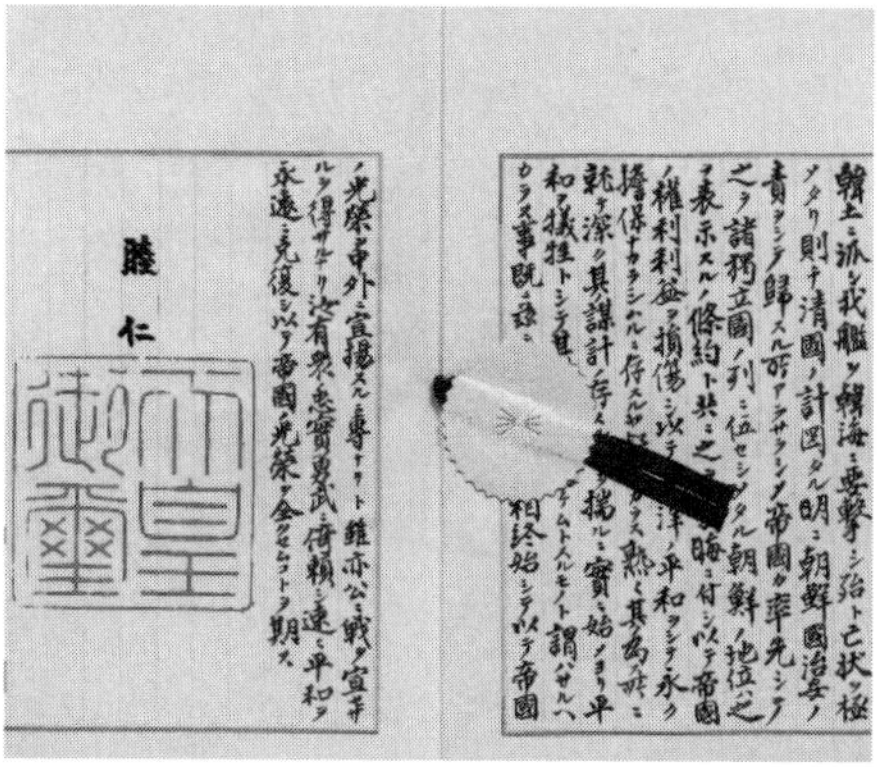
韓土ニ派シ我艦ヲ韓海ニ要撃シ殆ト亡状ヲ極
メタリ則チ清國ノ計圖タル明ニ朝鮮國治安ノ
責ヲシテ歸スル所アラサラシメ帝國カ率先シテ
之ヲ諸獨立國ノ列ニ伍セシメタル朝鮮ノ地位ハ之
ヲ表示スルノ條約ト共ニ之ヲ　晦ニ付シ以テ帝國
ノ權利利益ヲ損傷シ以テ　洋ノ平和ヲシテ永ク
擔保ナカラシムルニ存スル　カラス熟々其ノ爲ス所ニ
就テ深ク其ノ謀計ノ存ス　揣ルニ實ニ始メヨリ平
和ヲ犠牲トシテ其　ケムトスルモノト謂ハサルヘ
カラス事既ニ茲ニ　相終始シテ以テ帝國
ノ光榮ヲ中外ニ宣揚スルニ專ナリト雖亦公ニ戰ヲ宣セサ
ルヲ得サルナリ汝有衆ノ忠實勇武ニ倚頼シ速ニ平和ヲ
永遠ニ克復シ以テ帝國ノ光榮ヲ全クセムコトヲ期ス
睦仁
天皇御璽

日清戦争の宣戦の詔勅。なぜ戦争を始めるのかを国内外に説明する内容だが、実態とは違っていたようだ。

事実をありのままに書いているとの認定である。その評価を次に示している。

「漢城を囲み韓廷を威嚇せし顚末を詳叙し、以て不磨の快事なりとし、我軍牙山の空盧に対し鄭重に攻進したる事績を記して、暗に用兵の乱雑を叙し（中略）、窃《ひそか》に出征将師の無謀を諷するの類多く、固《もと》より為に多少後者の戒たるべきものなしとせずと雖《いえど》も、内閣、大本営共に斉しく叡旨を奉ずる機関にして、尊俎の折衝、聖意を満す能わずして初てこれを干戈《かんか》に訴うるものなれば、開戦前に於ける内部の異見を叙するが如きは、人をして、元首、文武を統一するの大権を疑わしめ、殊に宣戦の詔勅と矛盾するの嫌《きらい》あり」。

事実を詳しく書けばいいという訳ではない。何より、そのままでは天皇が発した宣戦の詔勅と矛盾するおそれがあるというのである。

何が矛盾するのか。

詔勅はこう述べる。

「朕《ちん》、茲《ここ》に清国に対して戦を宣す。朕が百僚有司は宜く朕が意を体し、陸上に海面に、清国に対して交戦の事に従い、以って国家の目的を達するに努力すべし。苟《いやしく》も国際法に戻《もと》らざる限り、各々権能に応じて、一切の手段を尽すに於て必ず遺漏なからんことを期せよ」

国際法を守りつつ全力を尽くせとの呼びかけである。

続けて、明治維新以来、外国とは平和で友好的な関係を結んできたが、清国は背き信義を失わせる行動に出たと批判する。

独立国である朝鮮を清国は属国として扱い、農民の蜂起が起きたことを口実にして軍隊を朝鮮に出した。そのために公使館の護衛のため日本も軍隊を送り、東洋の平和を目指し呼びかけたが、清国は応じなかった。悪い制度を改め、治安を固め、独立国としての体制を整えるべきだと日本が勧めると朝鮮は了解したが、陰で清国が妨害した。それどころか、朝鮮をわがものにしようとの欲望から陸海軍を朝鮮に送り、日本軍を攻撃したが壊滅状態となったと経緯を説明する。

さらに、清国の狙いは朝鮮の地位をごまかしの中に埋没させ、日本の権利、利権を損ない、東洋の平和を危うくすることにあるのは疑いようがないと指摘し、「事既に、茲に至る。朕、平和と相終始して、以って帝国の光栄を中外に宣揚するに専なりと雖、また公に戦を宣せざるを得ざるなり。汝、有衆の忠実勇武に倚頼《いらい》し、速かに平和を永遠に克復し、以って帝国の光栄を全くせむことを期す」と述べる。

清国が悪いので東洋の平和のために仕方なく戦争に訴えることにしたと強調する内容で、草案が記した事実とは確かに相容れない。

どのように書くべきなのか。大島第四部長は編纂の基本姿勢を次のように示したと記録されている。

「改竄戦史に於ては、我政府常に平和と終始せんとせしも、清廷は我国の利権を顧みず、縦令《たとい》、干戈に血ぬるも敢てその非望を達せんとし、彼先ず我に対し抗敵の行為を顕し、我をして遂に之に応ぜざるを得ざるに至らしめたるを発端とし、成果を見ざりし行動は勉めて之を省略」

日本は終始、平和であろうとしたが、清国が武力に訴えても野望を遂げようとしたので、仕方なく戦争に踏み切ったことを原因として記し、うまくいかなかった作戦は省くようにするというのである。

改竄の文字が目を引く。

†編纂した二人の部長

兵力も装備も兵糧も戦争を始めてからでも調達が可能だが、戦争を始める前に必ず準備しておかなくてはいけないものがある。それは大義名分であるといわれる。詔勅に記されていたのは、まさに戦いの大義名分であった。

ところが、日本が無理難題を押しつけることで、開戦の口実を作り出していたのが実際だった。詔勅に合わせるには、戦争に至る経緯も実態も隠し、改竄するしかなかったというこのようである。そもそも、そのまま書くことがはばかられたのかもしれない。胸を張って後世に伝えたいとは思えなかったのかもしれない。

ともあれ、それが正史として残され、日本の歴史を語る時の原典となってきた。そして

「栄光の明治の正しい戦争」というイメージを広げる力となってきたのだ。

草案をまとめたのは東条英教《ひでのり》だった。対米開戦時の首相となる陸軍大将東条英機の父親である。日清戦争を指揮した参謀次長川上操六の側近の一人で、日清戦争の当時は大本営参謀だった。戦争の終わった翌一八九六年に参謀本部の編纂部長となり、一八九九年から一九〇一年までは戦史を扱う第四部長の職にあった。

その草案を破棄し、改竄戦史を残した大島健一は、ナチス支配下の駐独大使として日本の政治に大きな影響を及ぼした陸軍中将大島浩の父親である。一九〇二年から六年間も第四部長の座を占めた。

東条は岩手、大島は岐阜と、二人は当時の陸軍を支配していた藩閥とは無関係の出身だった。ともに秀才として知られドイツ留学を経験した。

だが東条はその後、五二歳で予備役に編入されている。中将にまで昇進したが、退役時の名誉進級であり、最後につとめたのは旅団長という少将ポストだった。川上操六が一八九九年に病死し、庇護者を失ったことが影響したとされている。川上は薩摩の出身だったが、藩閥にこだわることなく人物を登用した

一方の大島は参謀次長、陸軍次官と栄進を続け、陸軍大臣にまで上りつめた。第四部長

になる前に、長州閥の領袖、元帥山縣有朋の副官をつとめ、長州閥に準ずる一員と認められたからだとされている。

川上の死によって力を広げたのが長州閥だった。大島による戦史の改竄は、そうした陸軍中枢の意向を反映、忖度したものだったのだろうと思わせる。

東条と大島は退役後の人生も対照的だった。大島は貴族院議員や枢密顧問官などの顕職を歴任し八八歳の天寿を全うした。一方の東条は戦史の研究を続け五八歳で没した。

軍制史研究家の松下芳男は『日本軍閥の興亡』の中で、東条を「その戦史に関する造詣の深きこと、部内にほとんど比肩する者なく、また軍備としての陸軍を論ずるや、その論敵をしばしば畏服させるものがあった」と評している。大島については「官界遊泳術が巧みであって、よく長閥の頤使《いし》に甘んじたために、陸相の印綬を帯びたといわれた」と記している。頤使とはあごで指図して人を好きに使うとの意味である。

書いてはいけないガイドライン

中塚さんは、福島県立図書館のコレクションの中から「日露戦史編纂綱領」という陸軍の内部文書も見つけている。大島が戦史担当の部長だった当時の資料だ。

そこには「書いてはならない一五箇条」がガイドラインとして示されている。冒頭には「動員又は新編成完結の日は明記するを避くべし」とある。戦闘準備に必要な日数を知らせることになるからだと説明している。

六番目には「我軍の前進又は追撃の神速且つ充分ならざりし理由はつとめてこれを省略し、必要やむを得ざるものに限り記述し漠然たらしむるを要す」とある。日本軍の欠点を暴露するおそれがあるためだと理由を示したうえで、たとえ事実であっても日本軍の戦闘力の消耗もしくは弾薬の欠乏などは決して明らかにしてはならないとしている。

さらに一一番目に「国際法違反又は外交に影響すべき恐ある記事は記述すべからず」と掲げている。「俘虜土人の虐待、もしくは中立侵害と誤られ得べきもの、又は当局者の否認せる馬賊使用に関する記事のごとき、往々物議をかもしやすくひいて累を国交に及ぼし、あるいは我が軍の価値を減少するの恐れあるが故なり」と説明している。

日清戦争の戦史編纂を通して実践された手法なのだろう。そして、その後も陸軍内で踏襲されたのだろうと思わせる。

†福島県立図書館の調査

　東京英機の父親である東条英教は、東学農民をどのように描いていたのだろうとの関心もあり日清戦争の戦史草案を見ようと福島県立図書館に出かけた。

　現物は閲覧できず、二〇年以上前に作られたCDを備え付けのパソコンで見ることになった。CDにはスキャンした画像が収まっているのだが、「第四章」「第六章」などとファイル名があるだけで、何が入っているかは開いてみないと分からない。

　黙々とファイルを開く作業を繰り返した。その結果、全部で四二冊の和綴じ本があり、そのうち三九冊は大島健一が部長になってから作られた原稿と考えることができると判断した。東条が部長当時のものは三冊で、うち一冊は図表類を収めた付録だった。東条が担当した二冊の草案に収められていたのは一六の章の分の原稿だったが、その中に東学農民軍についての記載は見当たらなかった。

　大島が部長として刊行した『日清戦史』は全八巻で五〇章の構成だった。それに対して東条が構想した戦史は一二二章あったことが確認できた。半分以上は捨てられてしまったようだ。

昭和になって東条英機が首相にまでのぼりつめることになるのは、陸軍内の派閥である統制派の代表的存在になったからだった。長州閥による陸軍の支配を打破しようと中堅将校たちが集まった組織が始まりだった。東条は当初からの一員だったが、その動機として、優秀でありながら藩閥のために用いられなかった父の無念の思いが語られてきた。採用されることなく捨てられた戦史は、無念の思いのそれなりの部分を占めていたのだろう。端正な文字で綴られた草案をながめながらそんな逸話を思い出した。

大島が部長になってからの草案には「新戦史部員の外披読を禁ず」と表紙に記されていた。部長の東条だけでなく、戦史編纂に当たっていた部員がそろって更迭されたといった事情があったのだろうことをうかがわせる。

†『朝鮮暴徒討伐誌』

朝鮮半島における義兵の闘争は日本人の視界の外にある歴史だろう。何があったのかを知る人はどれほどいるだろうか。

日露戦争が終結した一九〇五年に結ばれた第二次日韓協約によって、日本は韓国を保護国とし、韓国の外交は日本が東京で行うことになった。そのためソウルの公使館を閉鎖す

朝鮮における義兵（マッケンジー撮影、1907年）

るように日本は各国に要請した。その結果、ソウルに滞在する外交官が少なくなり、朝鮮半島での日本の行動に対する外国の目が届きにくくなった、

義兵の動きが盛んになったのは、ちょうどそのような時期に当たっていた。『朝鮮の悲劇』でマッケンジーが、義兵を見た欧米人などほかにはいないと記した背景でもあるはずだ。

『朝鮮暴徒討伐誌』は朝鮮駐箚軍が韓国併合後の一九一三年に刊行した義兵討伐の記録である。それを読むと、当時の日本軍がどのような視線で朝鮮の人々を見ていたのかが分かる。

当時の朝鮮社会をこう記している。

「旧韓国の上下は僅に下級人民と一部の士とを除くの外、その心情と結果とに於ては殆んど賊徒の類ならざるは無く、全土その跳梁に委せりと云うも敢て誣言《ふげん》に

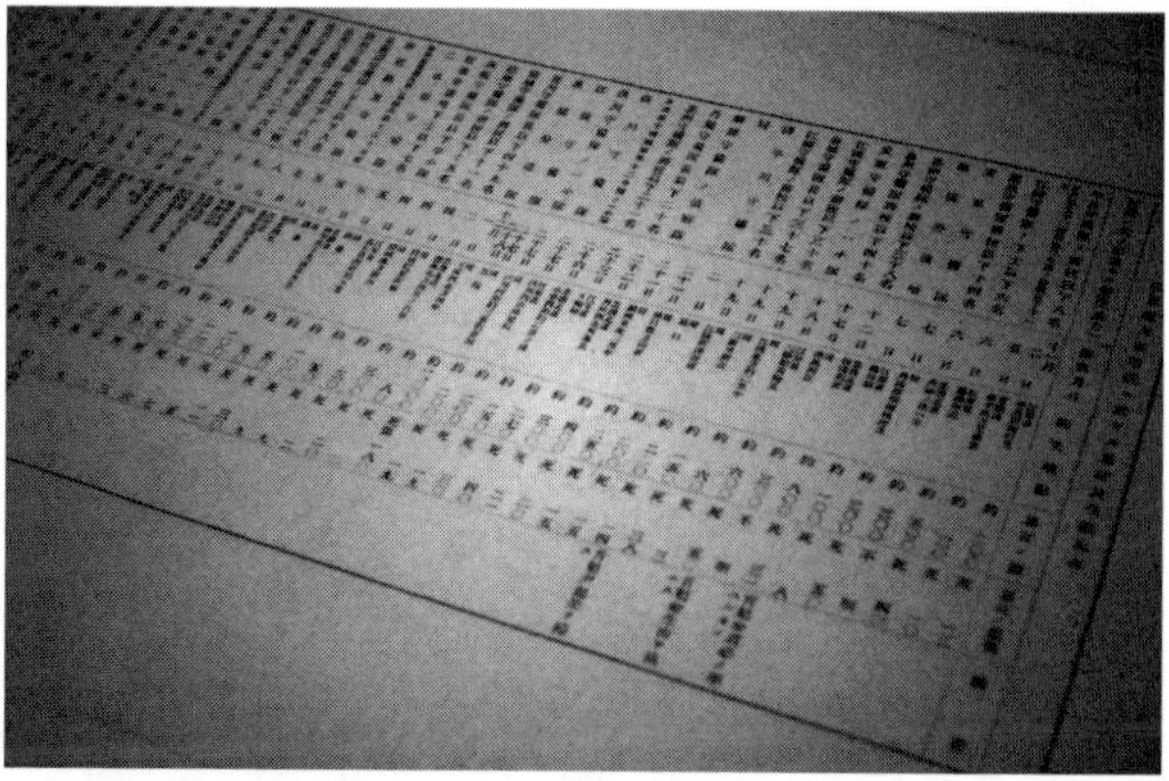

義兵との戦いを日本陸軍がまとめた「朝鮮暴徒討伐誌」の中の「江原道及其附近ニ於ケル暴徒討伐概況表」。1908年11月と12月にあった48の戦闘が記されており、義兵の死者を計算すると1032人になる。ほかに「死傷者180人」と記された戦いもある。一つの地方でこれだけの戦いがあった。

非ずして、全韓到る処、夙《つと》に紛糾騒乱の巷《ちまた》たりしなり。しかも、その声の比較的大ならざりし所以《ゆえん》のものは唯《ただ》臭者自ら其の臭を知らざるに基因したるのみ」

　解散させられた軍人が流入し義兵運動が盛んになった経緯はこう説明する。

「由来韓国の兵営は浮浪無頼者の収容所たる観ありしを以て、軍隊の解散に由り此等の兵丁を放て郷閭《きょうりょ》に散ぜしめたる結果、危険思想を地方に伝播せしむるに至しのみならず、恒産なく亦従て恒心なき彼等の多くは能く正業に就くもの少く、軍隊解散の当時、官給せる多少の恩賜金の如き倏《たちま》ち之を酒食に散じて、遂に其帰嚮《ききょう》する所無く、適ゝ《たまたま》以て匪徒の群に投ずるの機運を助長するに至らしめ」

郷閭とは郷里のことであり、帰嚮とは心の向かう所といった意味のようである。圧倒的な武力の日本軍に対して、義兵は山中などにこもりゲリラ戦を仕掛けた。義兵の姿をとらえることができない日本軍は、憲兵補助員の制度を設け、地元の人間を採用し、義兵との戦いの先頭に立たせた。義兵の姿が見えないのは、今日の日本人だけではなかったのだ。戦いはなかなか決着しなかった。その背景に言及する記述もある。

李殷賛は最も声望の高い義兵の指導者だったが、「常に正義を標榜して巧に民心を収攬せり。糧食、軍資金の如きも直接細民より要求することなく、各面洞長等に通告して一般より徴収せしめ、購入品に対する代金支払の如きも嘗て其期日を怠りしことなく」とその行動を分析。そのため「頑迷なる土人は之を歓待して討伐隊に対し彼等の行動を秘するのみならず、歩哨となり暴徒所在地の周囲を警戒し、或は密偵となりて官憲の行動を通告する等、陰に多大の便宜を与えたり」と記す。

日本からすれば「暴徒」だが、義兵は朝鮮の民衆の支持を得ていたのだ。

この時期の日韓の歴史認識のギャップをよく示しているのは伊藤博文の死であろう。一九〇九年、韓国統監の職を辞してほどなかった伊藤は、ハルビンで安重根に狙撃され死亡した。

日本では、独立運動家、あるいはテロリストの安重根に伊藤は暗殺されたと表現するのが一般的だ。

それに対して韓国の視点では、安重根は義兵の一員であり、敢然と戦いを挑み敵の首魁である伊藤を倒すという抜群の戦果をあげた戦士なのだ。

殺した側、殺された側という立場の違いにとどまらない歴史認識上の大きな溝があるのだが、気づいている日本人は少ないのではないだろうか。

『朝鮮暴徒討伐誌』には一九一一年までの戦いが記されているが、最後に設けられた章は「朝鮮国境外排日鮮人一般の動静」と題されている。

一九一〇年の韓国併合により、活動の可能性が狭くなった義兵は国境を越えて大陸へと向かう。

「国境外に於ける鮮人の移住範囲は頗《すこぶ》る広く、接境露清領土内に最も多数を占め約三〇万の人口を算し」と記している。大多数は排日思想とは無関係で、生活に困っての移住者だと強調したうえで、「直接行政権の及ばざるを奇貨とし、公然結社団体を組織し、言論文筆を弄して、一般無智の移民を煽動し義捐《ぎえん》金を募集して銃器弾薬を購入し、校舎、教会堂を建築し、教育、勧業、武技の演練を行ひ、時に暴動、暗殺の挙を凝議し、或は激烈なる言論を公開して与論の同情を喚起せん事を努め」と述べている。

日本軍の力の及ばない国境の先に義兵は足場を築き活動を続けた。そして時に国境を越えて日本の軍や施設などを攻撃し、安全な拠点へと戻っていった。それを討伐しないと朝鮮の安全を保てないとして、間島出兵をはじめとして日本軍の視線は大陸へと向かい、満州事変の伏線ともなってゆく。

この段階における朝鮮内の情勢を『朝鮮暴徒討伐誌』は「伏在して陰に排日の志想を抱懐するものなお少なからざる」と記している。朝鮮総督は陸軍大将を起用する武断政治と呼ばれる支配体制がとられたのも、「日本の支配に従わない＝不逞」な朝鮮人が多いという認識を踏まえたものだった。

日本人が当事者でありながら、日本人の目の届かない歴史がここにもまた見えてきた。

第六章　三・一運動

1　新発見の資料

二〇一九年二月二七日、東京は皇居・北の丸公園内の国立公文書館で、私は午前中から資料を調べていた。夕刻が迫ったころ、一九一九（大正八）年の内閣書記官室の文書綴りを検索してみた。朝鮮であった三・一運動の一〇〇周年が二日後に迫っていることが気になったのだ。

その中の一点に目がとまった。

表題はこうあった。

「朝鮮騒擾事件ニ対スル鮮人ノ言説ニ関スル件」

三・一運動に関連する文書だろうと直感した。

日本による植民地支配からの独立を願い朝鮮全土に広がった民衆運動で、朝鮮総督府は軍を動員して厳しく鎮圧し、朝鮮人に多くの犠牲者が出た事件である。

だが、すでに公文書館は閉館が迫っていた。文書の表題と管理番号をノートに書きとめただけで閲覧室を後にした。

迎えた三月一日、韓国では一〇〇周年の記念式典が盛大に挙行された。

この間に私は「朝鮮騒擾事件ニ対スル鮮人ノ言説ニ関スル件」を探していた。内閣書記官室は今日の内閣官房の前身である。政権中枢の記録なのだから、どこかで紹介されているだろうと思ったのだが、刊行された資料集には見当たらない。引用した書籍や論文を見つけることもできなかった。ネット上で検索できる国会図書館やアジア歴史資料センターにも該当するものはなかった。

†首相原敬への報告書

国立公文書館を再び訪ね、資料と対面したのは三月五日だった。

それは「外務省」と印刷された和紙の罫紙に筆で墨書した文書だった。

冒頭にはこうあった。

大正八年五月五日
　外務大臣子爵内田康哉（印）
内閣総理大臣原敬殿
朝鮮騒擾事件ニ対スル鮮人ノ言説ニ関スル件
本件ニ関シ別紙《べっし》写之通《うつしのとおり》在安東森領事報告有之候《これありそうろう》ニ付、御参考迄右及御送付候、敬具

罫の枠外には「供覧」のスタンプがあり、閲覧したことを示す印鑑が並んでいた。「内閣総理大臣」のスタンプの下には花押があり、スマホで調べてみると、原敬のものと一致した。

安東は中朝国境を流れる鴨緑江の中国側、今日の遼寧省丹東である。その地の森安三郎領事から内田康哉外相に届いた報告書を、首相の原に転送したという文書であった。外相から首相への部分が二ページ、領事から外相への報告が七ページで合計九ページである。

だが筆文字で容易に判読できない。専門家の力を借りるべきだと考え、横浜市歴史博物

館副館長の井上攻《おさむ》さんにお願いした。「この時期の文字は読みにくくてね」と言いながら、快く引き受けてくれた。

一〇〇周年に合わせ韓国の政府機関である国史編纂委員会が三・一運動のデータベースを作り上げ、公開を始めていた。三年がかりで内外の資料を集めた学術研究の成果だと韓国の新聞の日本語版が報じているのが目に付いた。

「朝鮮騒擾事件ニ対スル鮮人ノ言説ニ関スル件」をこのデータベースで検索してもらえないだろうか、と韓国の親しい歴史研究者にお願いした。

数日で返事があった。

「いくら調べても見当たりません。知られていない資料ではありませんか」

どうやら新発見の資料と考えていいようだ。

†安東領事からの報告

そうこうするうちに、井上さんの作業が仕上がった。私ではまったく歯の立たなかった文字もことごとく読み解いてくれた。

領事から外相への報告は以下のような内容である。

平安北道義州批峴面長生洞人にして現に長春新市街に於て商業を営む元総督府警視勲六等李鮮協は、商用の為め客月《かくげつ》廿五日当地来着、目下一鮮人旅館に宿泊中之処、同人は這般《しゃはん》の朝鮮騒擾事件に関し大要左の如く語れりとの趣に有之候《これありそうろう》

客月とは先月であり、這般とは今般の意味である。朝鮮総督府に警察の幹部職員として勤務したことのある朝鮮人が三月二五日に安東にやってきて、三・一運動がなぜ起こったのかという背景について語ったというのである。

それに続けて、語ったという内容が箇条書きで記されていた。以下に要約して現代語で紹介する。井上さんが読み解いた原文は巻末に掲載した。関心のある方はそちらをご覧いただきたい。

一、満州に住む朝鮮人は、日本人と区別なく日本の官憲から懇切に保護、指導を受けているので、満足して仕事をしている。

一、朝鮮では、公務の場でも、日本人の書記が上司の朝鮮人の郡守を「君」とか「お

前」とか呼ぶことが少なくない。官吏服務規律は全く守られていない。そのため朝鮮人の役人は常に悪感情を抱いている。表面上は日本人役人の命令に従い仕事をしているが、心の中に排日思想を持たない者はいないのが実情だ。朝鮮総督はこの点について一大改革をする必要がある。

一、貴族として遇した七二名だけを優遇すれば、他の朝鮮人はどのようにいじめても支障ないと朝鮮総督は考えているのではないかと感じている。実に困ったことだ。日韓併合から一〇年が経った今日、全国一斉の排日騒動が発生したことは、朝鮮総督府の政治がいかに高圧的であったかを物語るものである。

一、これまで日本に留学した朝鮮人学生を役人として採用したことは少なかったが、それだけでなく、留学生が朝鮮に戻る時には、警察が常に尾行し、その動きを監視している。これでは嫌われるのは当然で、海外に移住する者が多くなっている。日本は、朝鮮人が高等教育を受けるのを好まず、役人にも採用してこなかったが、それが今回の三・一運動の原因の一つである。知識層の朝鮮人があこがれを持つような政策を考えるべきである。

一、朝鮮人の下級役人にも、日本人と同様の給料を払えば、活動にも余裕がうまれ、使う人数を減らすことも可能になり得策である。朝鮮人は早婚なので、憲兵補助員や巡査補といった職種の人でも四、五人の家族を養っていることが多い。ところが彼らの給料は月額わずかに一二円に過ぎない。物価が高騰している今日では、生活が苦しいのは明白である。生活難のため、商人からつけで買い物をしながら五、六か月も払わないこともある。支払いを催促でもすれば、清潔法の検査だとかいって職権を乱用し商人をいじめる。あるいは、朝鮮語の分からない日本人の巡査や憲兵に自分勝手な通訳をしたり、暴力を振るったりする。そうしたことへの批判の矛先は日本人の役人に向かうことが多い。継子《ままこ》扱いのような現在の処遇は、この際、根本的に改善する必要がある。それをしないと、不満の思想はますますはびこり、さらなる重大事を引き起こすことになりかねない。

朝鮮総督府の政治が間違っているとの指摘だが、朝鮮人の思いを率直に述べたもので、とりたてて機密の情報だとも思えない。そうした報告がなぜ首相のもとに届けられたのだろう。

†「独立万歳」の叫び

この資料の持つ意味を考えるために、まず三・一運動の流れをたどってみよう。

一九一八年に終わった第一次世界大戦の戦後処理に当たり、米国のウイルソン大統領が提唱した「民族自決」の考えの影響を受け、パリで開かれる講和会議に朝鮮の訴えを届けようとの動きが、まず天道教の内部で始まった。日清戦争の際に日本軍によって殲滅された東学の系譜をひく朝鮮独自の宗教である。そこからキリスト教、仏教へと呼びかけが広がった。

そうした中、一九一九年一月、皇帝だった高宗が急死した。日本の支配に抵抗し、ハーグ密使事件で日本の怒りを買い退位に追い込まれた皇帝である。日本によって毒殺されたとの噂がたった。葬儀は三月三日にソウルで営まれることになった。

葬儀には全国から大勢の人が集まるのだから、その機会に発表しようとして「独立宣言」が書かれ、「民族代表」として三三人が署名した。葬儀当日では警戒されるだろうと一日にソウル市内の高級料理店に集まり、独立宣言を読み上げ乾杯し、「独立万歳」を唱えた。そのうえで総督府に電話で連絡し、全員が逮捕された。

一方、ソウル市内のパゴダ公園には多くの民衆が集まり、「民族代表」を待っていたが現れないので、学生が宣言を読み上げた。「独立万歳」を叫び、デモへと繰り出した。運動は当初、朝鮮北部が中心だったが、三月半ばに南部へと波及し、四月になると朝鮮半島の全土へと拡大した。

2 原敬首相と朝鮮総督の対応

それでは、この資料から日本側の事情は何を読み取ることができるのだろう。

†「無策の様」

まず注目したいのは日付である。運動が始まって三週間以上も経った三月二五日にやってきた元警視の話を、安東領事が外相あての報告書にしたのは四月四日である。この日に東京では、陸軍六個大隊の派遣を閣議で決めている。運動が拡大し現地の朝鮮軍の兵力だけでは収拾がつかなくなっていたのだ。東学農民軍の討伐に増派したのが一個大隊だったことを思い返しても、その規模が分かる。

報告の文末に領事は「右は一個人の談話に候共《そうらえども》、一応肯綮《こうけい》に当れる観察とも思考せられ候に付御参考迄此段及申報候」と記している。肯綮とは「物事の急所」といった意味である。耳にした情報を重要だと判断し伝えなくてはと思う状況が続いていたのだろう。日本側は朝鮮人がなぜ行動を起こすのか理解できずにいたことを物語ると考えることができそうだ。

同じ四月四日、原敬の日記にはこうある。

「今回の事件鎮圧に付総督の意見を尋ぬと申送りたるに、総督の返事に格別の意見なく単に増兵及び憲兵増派を望むと云ふに過ぎず、如何にも無策の様なるが、本件に付政府の処置としては断乎たる処置を要す」

朝鮮総督に意見を求めてもこれといった返答はなく、兵力を増強してくれというばかりだというのだ。「無策」の文字からは原敬の苛立ちが伝わってくるようだ。

そうした事態を朝鮮総督府はどうとらえていたのか。その認識を伝える記録が残っている。「朝鮮騒擾経過概要」で、鎮圧の経緯を総督府がまとめた報告書である。

「騒擾の起因」は次のように記す。

「米国大統領により民族自決主義の提唱せらるるや、これに関する諸種の報道は鮮人智識階級および青年子弟を刺激し排日者と否ざる者とを問わず、民族自決の思想に囚わるるに至れり。ここにおいて天道教徒、耶蘇教徒主唱となり前述最近における世界民心の急激なる変化に乗じ、鮮人の特性たる隴《ろう》を得て蜀を望むの性情を利用し、旧韓国時代の秕政を忘れ、彼らの平素抱懐せる日本の統治に対する不平不満は勿論、たまたま李大王薨去に際会するや、あらゆる虚構の事項を挙げて民心を煽り、遂に三月一日を期して独立運動を起こすに至れり」

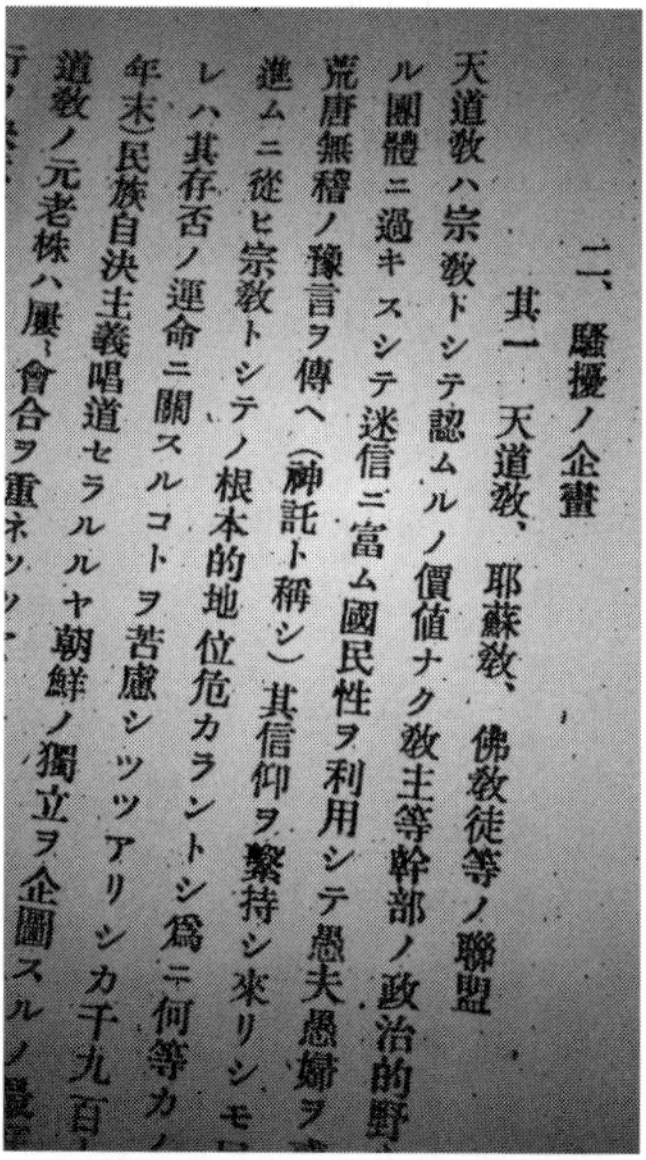
二、騒擾ノ企畫
其一　天道教、耶蘇教、佛教徒等ノ聯盟
天道教ハ宗教トシテ認ムルノ價値ナク教主等幹部ノ政治的野
ル團體ニ過キスシテ迷信ニ富ム國民性ヲ利用シテ愚夫愚婦ヲ
荒唐無稽ノ豫言ヲ傳ヘ（神託ト稱シ）其信仰ヲ繋持シ来リシモ
進ムニ従ヒ宗教トシテノ根本的地位危カラントシ爲ニ何等カノ
レハ其存否ノ運命ニ關スルコトヲ苦慮シツツアリシカ千九百
年末）民族自決主義唱道セラルルヤ朝鮮ノ獨立ヲ企圖スルノ
道教ノ元老株ハ屢〻會合ヲ重ネツツ

三・一運動の経緯をまとめた「朝鮮騒擾経過概要」の第２章「騒擾ノ企画」の冒頭部分。「天道教ハ宗教トシテ認ムルノ価値ナク教主等幹部ノ政治的野心ノ許ニ組織セル団体ニ過ギズシテ」と述べている。

隴を得て蜀を望むとは、手に入れたものだけでは満足できずさらに大きなものを欲することの例えである。秕政とは悪い政治との意味である。

運動の中心となった天道教は「宗教として認むるの価値なく」と断じ、

「教主等幹部の政治的野心のもとに組織せる団体にすぎずして、迷信に富む国民性を利用して愚夫愚婦を惑わし、教主自ら荒唐無稽の予言を伝え（神託と称し）、その信仰を繋持し来りしも、民衆の文化ようやく進むに従い、宗教としての根本的地位危からんとし、為に何等かの方法を講ぜざれば、その存否の運命に関することを苦慮し」ていたと説明。そこへ民族自決主義が提唱されたので、それを利用することにしたのが三・一運動の発端で、天道教だけでは力が足りないので、キリスト教、仏教に協力を求めたのだと説明している。

朝鮮の人々がなぜ立ち上がるのかを真剣に見つめようとしたとは思えない。

首相の原を嘆かせた当時の総督は長谷川好道である。どこか見覚えのある名前と思った人がいるかもしれない。先に紹介した駐劄軍が発足した時の司令官で、第二次日韓協約の強引な談判に伊藤博文とともに登場し、その後の義兵討伐を指揮した陸軍大将だ。山口県出身の長州閥であり、さらに栄進し最高権力者の総督として朝鮮に戻っていた。

長谷川だけでなく、朝鮮での勤務を繰り返し出世した軍人や官僚は珍しくなかった。義兵の時とは違い、三・一運動の主役は武器を持たない民衆だったが、兵力によって鎮圧するという手法が踏襲されたのはごく自然なことだったのだろうと思わせる配役である。

「独立万歳」を叫ぶ朝鮮人の示威行動は連鎖して拡大し、運動は朝鮮半島全域へと広がった。その理由や背景をつかめないまま、あるいはつかもうとしないまま、軍隊や憲兵を増強し力ずくで抑え込もうとしたことに何の不思議もない背景である。

増派された部隊は四月一〇日から一三日までに朝鮮半島に上陸した。教会に火を放ち立てこもった人々を虐殺した提岩里事件は、その直後の四月一五日に発生している。

五月になると運動は下火になったが、外相は五月五日に報告書を首相に転送していた。併合した朝鮮は外国でないので外務省の管轄ではなかった。安東からの報告が首相にまで届けられたのは、この段階になっても朝鮮総督府から満足な情報が提供されていなかったことを物語るのだろう。安東からの情報を貴重だと考える状態が依然として続いていた。だから原敬は目を通し花押を記したのだろう。

一〇〇周年を契機に稼働を始めた韓国の三・一運動データベースは、デモ参加者を最大で一〇三万人、死者を約九〇〇〇人としている。死者数はそれまで七六〇〇人とされてきたので、大きく歴史が書き換えられた。資料を丹念に検証し史実を冷静にとらえようという韓国の研究者の意識を感じさせる。

それでもなお大きな人数である。なぜそれほどの犠牲者が出てしまったのかという当時の事情が、一〇〇年にわたり埋もれていた一点の資料からほのかに浮かび上がってきた。

†「採余公文」

国立公文書館で外相内田康哉が首相原敬に届けた報告書に出会った時、にわかにはその価値を判断できなかった。

内閣書記官室という政権中枢に残った文書だ。研究者の誰かがすでに見つけ解読して世に出ているはずだと思った。

ところがいくら調べても、先行した研究は見当たらなかった。どうやら、これまで知られていない資料のようだと分かった。だが、そのことが逆に不思議だった。

そこでこの文書の性格を調べてみた。

戦前の内閣書記官室には「公文編纂例則」という規則があった。一八九四年というから日清戦争の始まった年の制定で、文書の綴りは、永久保存する「公文類聚」、保存期限一〇年の「公文雑纂」、保存期限一年の「採余公文」の三つに分けると定めていた。

見つけた文書は「採余公文」の中に綴られていた。例則によれば、役人の休暇の願いや忌引き、欠勤などの届けを収める綴りである。内田外相からの文書は、何かの間違いか手違いでそこに紛れこみ綴じ込まれ、しかも一年で処分されることもなく残ったものと考えることができる。おそらくはいくつかの偶然が重なった産物として今日まで伝来したのだ。

重要な書類が含まれているとは思えない綴りだ。私のような素人でもなければ調べてみようとは思わないのかもしれない。「採余公文」が公開されたのは、他の綴りに比べて遅かったことも分かった。

それではと、その年の「公文類聚」と「公文雑纂」も調べてみた。重要な文書を保存しているはずだが、すべてのページをめくってみたが、動員した軍の予算記録を除くと三・一運動に関するものは見当たらなかった。

三・一運動は日本の朝鮮統治の大きな転換点となった。陸軍が中心の強圧的な「武断政治」を「文化政治」へと転換させた。憲兵が一般の警察を兼ねる制度を廃止し、集会や言論の自由も日本と同じ程度に認めるようになった。総督も海軍出身の斎藤実に代わった。

当時の政権にとっては最重要の案件であり、首相のもとには数多くの文書や報告が届いていたはずだ。ところが首相の執務室である内閣書記官室の保存綴りには、「採余公文」に紛れ込んだこの一点以外は何も見当たらない。

なぜなのだろう。

意図的に処分した。そう考えるしかないだろう。おそらく事態が一段落した段階で組織的に処分したのだろう。その中でこの文書だけ意図せずに残ってしまった。そうとしか思えない。

三・一運動をめぐっては、刊行されている資料集の中心になっているのは朝鮮総督府の記録や運動に参加し罪に問われた朝鮮人の裁判の記録といったものである。最も枢要な政権中枢の政策決定に関する記録は見当たらない。

†「軽微なる問題」

原敬の日記によると、朝鮮総督に対して三月一一日に、以下のような指示を電報で発したとある。

「今回の事件は内外に対し極めて軽微なる問題となすを必要とす、然れ共実際に於て厳重なる処置を取りて再び発生せざる事を期せよ、但外国人は最も本件に付注目し居れば残酷苛察の批評を招かざる事十分の注意ありたし」

二度と起きないように厳しく対応しなくてはいけないが、同時に外国の批判を招かないように注意しろとの指示である。朝鮮での日本軍の行動が欧米の新聞で報道され、厳しい視線が注がれていた。

日記には、原が欧米のジャーナリストやキリスト教関係者と度々、会っていたことも記録されている。官邸で面会しては、軽微な問題だと説明し、懸念は不要だと説得していたようだ。

第一次世界大戦で戦勝国となった日本は列強に名を連ねようという段階にあった。欧米列強からの批判には敏感になっていた。だが、実態は軽微でなかったのだから、隠すしかなかった。鎮圧と同時に報道管制も強化している。

軽微な事件だと説明したのは外国に対してだけではなかった。国内でも同じで、そうした政府の説明を日本人は信じた。

「アメリカ人が問題にしている残虐事件の大部分は、つまらぬ捏造（それをデッチあげたのが新聞記者か宣教師かは分かりませんが）に過ぎないと、私は確く信じています」

この年の八月に内村鑑三が米国人の友人にあてた手紙に記したものだ。

日露戦争への反対を唱えたことで知られる内村は、この当時の最も開明的な知識人の一人といえるだろう。その内村をして、そう思わせたのだ。

それは内村だけだったとは思えない。おそらくほとんどの日本人が同じように政府の説明を信じたのだろう。

そのようにして形成された日本人の意識は、その後、どのぐらい変わったのだろう。今日を生きる私たち日本人は、内村の認識からどこまで自由なのだろう。

思わず自問するばかりだ。

第七章

あいまいな自画像

1 なかったことにされた虐殺

朝鮮半島で行った残虐な事実を隠すために、日本の政府や軍が記録を処分し正史を捏造していた数々の事実が見えてきた。その結果、東学農民戦争や義兵運動、三・一運動など朝鮮の人々の大きな犠牲が日本人の記憶に残ることなく視界から消えてしまったのだろうということが分かってきた。

それでは、関東大震災の朝鮮人虐殺が日本人の記憶から失われたのはなぜだったのだろう。

震災の記録も枢要なものは残されていない。朝鮮総督府がまとめた「避難民及地方民の感想報告」という資料を先に紹介したが、内閣書記官室の「公文雑纂」という綴りに残っていたものだ。保存期限一〇年のファイルで、この資料も何かの偶然か手違いで紛れ込んで残ってしまったものなのだろう。震災のあった一九二三年の内閣書記官室の文書の綴りもすべて調べてみたが、朝鮮人虐殺に関連した資料はほかには見当たらなかった。組織的に処分したとしか考えられない。

だが、それだけでは説明がつかない。

震災は日本国内での出来事だ。虐殺は公然と行われた。当事者も目撃者も数え切れないほどいたはずだが、「なかった」という主張が力を持つようになっている。自分たちが暮らす土地であった歴史でありながら、あいまいな像しか描けない程度の記憶しか日本社会には伝わっていないのだ。

それはなぜなのだろう。

†異質な作文

この疑問への手がかりを示してくれたのは横浜における震災の歴史を研究している後藤周さんだった。横浜で見つかっている子どもたちの震災の作文七〇〇点以上に目を通したが、異質な作品が一点だけあるというのだ。

少し長いが読んでみよう。

高等科一年の女子生徒の作品である。


「勘ちゃん、なんだかむし暑いねえ」「うん」と弟はうなづいた。私は頁をくりながら本を読んでゐた。弟は何んの用があったのか、立ち上がって歩るこうとした時、がたがたっと家がゆすれ出した。私は座敷の真中ににじり出た。弟はころがりながら柱につかまって、裏まどに片《ママ》をかけ、「助けてくれ、助けてくれ」と、夢中になって、どなってゐた。「勘ちゃん、勘ちゃん、あぶないから此方へおいでよう」と、私はさけんだ。外は屋根の瓦が雨か木の葉のように、ばらばらと降ってゐる。弟が私のそばへはいずるように来た時、がらがらっと大きい音を立てて家はたほれた。

姉と弟は倒壊した家から助け合って這い出した。

「おっかさん、おっかさん。」と、二人して声をそろへてよんだ。「おっかさんはここにゐるから今出るよ。さきに俊江をとっておくれ」と、下の方から声がしたかと思うと、壁をつきやぶって赤ん坊を出した。私が赤ん坊をだき上げて見ると、目といはず口といはず壁土だらけで、目くらになったようであった。「おっかさん、早く出て来ておくれよう」と、弟がさけんだ。おっかさんはいつまでたっても出てこなかった。焼きつけるような空を見れば、石川や吉浜町の方から黒煙がむくむくと上ってゐた。

母親は倒れた階段の下敷きになっていた。助けを求めて叫ぶと、隣のおばさんたちが駆けつけ助け出してくれた。

すると新たな心配が持ち上がった。朝、仕事にでかけた父親のことだ。


私は赤ん坊おぶってひょいと大通りの方を見ると、おとっさんによくにた人がよろよろしながら、こっちへ来るようでした。私が目をよくすへて見ると、やっぱりおとっさんでした。私はあんまりうれしくって「おっかさん、あそこへおとっさんが来たよ」「えーっ」と、いって、私のゆびのさした方を見て、さびしく笑ひました。弟達はうれしがっておとっさんにかじりついた。

火事が広がるのを見て家族は避難を始めた。父親は大八車を引いていた。

おとっさんは向岸を見て、「大変だ、ここにぐずぐずしてゐて子供でもまいごにしちゃあいけない。さあ、皆んなこひ」と、どんどんと歩きだした。橋のたもとに来て見ると、翁橋は落ちてしまい、松影橋は少しばかりついてゐたが、とても車は通らない。車の上の蒲団を二、三枚づつおとっさんとおっかさんと姉さんがかついで、先きに渡り、後から私が弟をつれて渡った。

車橋のきはへくると、大勢の人が我れ先に渡らうとして、どうする事も出来なかった。おとっさんは、「皆んなおとっさんの後につきな」と、いった。橋の中へ一歩でも足をふみ入れると、身うごきも出きなかった。「赤ん坊が死んじまうからおさないでくださいよう」と、私は夢中になって幾度かさけんだ。おされおされてやっとの事で橋を渡りおはった。気がついてだらりとさがってゐる赤ん坊の手をにぎると、気のせいかなんだか死人の手でもにぎったような気持がした。巡査がこはれた家の屋根に上ってゐて、「向の山へ行け、向の山へ行け」と、大きな声で手をふりふりおしへてゐた。

「おとっさん、橋の上からおっかさんと別々になってしまったよ」「そうかい、後でさがすからいいよ。早く向の山へ行こう」おとっさんは四郎さんの手取って、あるきだした。私はうしろからおいすがるように「おとっさん、俊江がなんだかつべたいのよ」「うん」と、おとっさんはふりかへり、赤ん坊の手をにぎって、「うん、つべたいなあ」と言ったきりすたすたと歩き出した。

今日なら中学一年生の女子生徒が激しい混乱のなかを懸命に逃げた。母親とははぐれ、背中におぶった幼い妹は冷たく動かない。不安な思いが伝わってくる。

死んだと思った赤ん坊が急に泣きだした。私はとほうにくれてしまったが、又うれしかった。「八重子、おっかさんを見てくるから、小さい子を見てゐな、すぐかへってくるから」と、おとっさんは、おっかさんをさがしにゐった。赤ん坊はいつまでたっても、泣きやまなかった。

そこへ梅岡さんの叔母さんが来たので、私は「叔母さん、おっかさんがゐないのに、俊江が泣いていてこまるから少しお乳をのましてやってよ」「おうおう、か愛そうにかあいそうに」叔母さんは赤ん坊をおろして、お乳をのませてくれた。私はほっとして赤ん坊の顔を見つめてゐた。おとっさんはと中で姉さんにあったといいながら来たので、叔母さんにお礼をいって、おっかさんのゐる松山へといそいだ。

すぐに夕暮れがやってきた。

「ずいぶん暗くなって来たねえ」「うん、だけれどもおなかがすいちまったね」「そう」弟はぼんやりとしてゐた。私と弟は植木会社の中にある、かしいだ家の中でだんだん暗くなって行く空を見つめてゐた。「八重ちゃんも勘ちゃんもごはんを食べた」と、硝子屋の叔母さんが、木の影からきいた。「いいえ、まだ食べてないわ」「そうかい早くおいで、今ごはんがたけたからおいでよ」私と弟はむねをわくわくさせながら、叔母さんの行くままによしづ張の中へ入った。中には大勢の人がわいわいといってゐた。なまみそをつけてごはんを食べた。そのおいしさ何ともいへなかった。昨夜とちがって空には一片の雲もなく、月は明く私達を照らしてゐた。

「男の方は夜けいに出てください。女子供は影の方でねてゐてくださいよー」と、大勢の人が同じ事をいひながら歩ひてゐた。硝子屋の叔母さんが大きなな植木ばちを指さして、「八重ちゃん達はこの影にねなよ」といった。

夜は穏やかには過ぎなかった。

やっと皆んながねむりについた頃、がやがやといふ人声がきこへて、此方へ来るようであった。すると向の方でピストルの音が五、六度したと思ふと、ばたばたと人が此方へ来るようであった。私達のねてゐる前へ来ると、土びたにぺたっとすはった。こっちでねてゐる人はたいがい目がさめてしまったから、その人の様子をいきをこらして見てゐた。

「私、朝鮮人あります。らんぼうしません」といひながら、私達の方に向って幾度も幾度も頭をさげておぢぎをしました。そこへ大勢の夜けいの人達が来て、その朝鮮人に向って頭のような人がそばによって、「これ、お前はさっきゐろといった所にゐないでこんな所に来たのだ」「私さっきの地震おっかない事あります」「うそいへ、そんな地震はいつあった」朝鮮人はだまっていた。

朝鮮人への詰問が続く。

「さっきけいさつのだんなと立ち合った時には、何んにも持ってゐないといったが、今お前のもってゐるのは何だ」「え、っ」と、いったが、「これはさっきもらった米です」「そうか見せろ」「いえだめです」「何がだめだ。これでもか」といひながら、こしにさしてあった日本刀をぎらりとぬいて、朝鮮人の目の前につき出した。朝鮮人はそれでも大事そうに小さい油紙につつんだ物をはなそうともしなかった。私は心の中で早く出せばよいのに、たかがお米なら中を開いて見せてやればよいと思った。いつまでたっても返事をしないので、こん度は大勢の人が日本刀でほうをしっぱたいたり、ピストルを向けたりしても、鮮人はだまってゐた。

さっきの人が鮮人に向ひ「おい、だまってゐちゃあわからねえよ、なんとかしねいか」と、いって、刀をふり上げて力まかせに鮮人のほほをぶった。その時に月の光が輝やいて、そのすごさとゐったら、身の毛もよだつくらひでした。いくらなにをされても鮮人は一言もはなさなかった。しらべる人が鮮人に向ひ、「おい、しかたがねえから、けいさつへ行ってだんなの前でお話をしろよ」そういひながら大勢でよってたかってかつぎ上げて、門の方へ行ってしまった。行った後は、やはり水をうったようにしんとしていた。私は翌朝までまんじりともしなかった。

不穏な夜が明けた。

東の空がだんだんと白らんで来る頃、私は松山へ行こうと思って足をはやめた。寿けいさつの前を通りこそうと思ふと、門内からうむうむとうめき声が聞へて来た。私は物ずきにも、昨夜の事なぞはけろりとわすれて、門の内へはいった。うむうむとうなってゐるのは、五、六人の人が木にゆはかれ、顔なぞはめちゃめちゃで目も口もなく、ただ胸のあたりがぴくぴくと動いてゐるだけであった。

私はいくら朝鮮人が悪い事をしたといふが、なんだかしんじよーと思ってもしんじる事はできなかった。その日けいさつのにわでうめゐていた人は、今何処にゐるのだろうか。

綴られていたのは、大変な混乱の中、力を合わせて懸命に生き抜いた人々の姿だ。姉と幼い弟が乳飲み子の妹を抱え、父母や隣近所の人達と助け合い、食べ物や母乳までを分け合い、肩を寄せて極限の苦難を乗り切っていた。そうした善良でけなげな日本人の姿を伝える一方で、朝鮮人の迫害という凶行が同じ空間に存在していたことをありのままに記録していた。

この作文の何が異質なのか。

後藤さんはこう説明する。

「犠牲になった朝鮮人に心を寄せた作文は、この一点しかありませんでした」

七〇〇点を超える作文の中で、迫害される朝鮮人に同情を示すものは、ほかには見当たらないというのだ。さらに、流言は根拠のないものであったことに言及した作文は一点もないという。

それはなぜだったのだろう。

朝鮮人に対する差別感、優越感を子どもたちも持っていたのかもしれない。朝鮮人は殺してもいいのだといった思いを子どもたちも抱いていたのかもしれない。

だが、それ以上に大きな要因が考えられる。

おそらく親も先生も教えなかったのだ。子どもたちに、一番大切な事実を。流言は嘘だった。朝鮮人を殺したのは間違いだった——という事実をである。

†自警団遊び

震災の二週間後から、画家の竹久夢二は都新聞（東京新聞の前身）に「東京災難画信」というコラムを連載している。自ら描いたスケッチをもとに被災した東京の街と人々の様子を伝えるもので、その中に子どもの「自警団遊び」が紹介されている。敵をみんなで追いかけ回し竹槍でつつくという遊びだとの説明があり、「子供達よ、棒節を持って自警団ごっこをするのは、もう止めませう」と夢二は呼びかけている。

東京や横浜では朝鮮人だけでなく中国人も虐殺された。中華民国は使節団を日本に派遣し、補償や再発防止を求めて外交交渉が行われた。その記録が台湾に残っている。そこに含まれている東京の虐殺現場での聞き取り調査の記録には、一二、三歳の子ども二人の証言だとして「中国人の殺されし事、竹槍や金棒などにて殺したりと語り、その後数日、臭気甚しかりと云へり」と記されている。

子どもたちはしっかりと見ていたのだ。

横浜では中国人が差別されたことも記録されていた。被災者の集まった公園で食料や水の配給が始まっても、対象は日本人だけで、中国人には配られなかった。中国人の女性が子どもに与えたいと、水を持っている日本人に分けてくれるよう頼んだ。するとその日本人は持っている水を地面にこぼし、中国人には決して分け与えなかった。

その横浜では「分捕りごっこ」が子どもたちの間ではやった。掠奪を模した遊びだったという。

子どもは大人や社会を映す鏡である。虐殺にしても、掠奪にしても、悪いことだという意識を子どもたちは持っていなかったのだろう。親も学校も地域社会も「止めなさい」と制止することはなかったのだろう。悪者をやっつけ、宝物を持ち帰るのだから、虐殺や掠奪は桃太郎の鬼退治のようなものと子どもたちの目には映っていたのかもしれない。

竹久夢二による自警団ごっこのスケッチ

横浜に伝わった作文は、夢二の連載よりかなり時間が経って、いくらか社会が落ち着いてから書かれたもののようだ。日付のあるものもあり、二学期の終わり、あるいは翌春の学年末といった節目に書かれたものと考えられている。

その段階になっても、流言が嘘であったことに触れた作文は一つもなかったのだ。学校でも家庭でも、語らず、教えなかったとしか考えられない。あるいは、その段階までに、語らないことにするという合意が社会の空気として形成されていたのかもしれない。

†「情状酌量少なからず」

政府の臨時震災救護事務局警備部司法委員会は九月一一日に自警団による虐殺や迫害への対応方針を決めている。「情状酌量すべき点少なからざるを以て騒擾に加わりたる全員を検挙することなく、検挙の範囲を顕著なるもののみに限定する」とするものだった。刑事罰の対象にするのは特に悪質なものに限ることを政府の方針としたのだ。

では「顕著なるもの」とはどの程度なのだろう。

「全市近郷隈なく暴状を呈し、暴民による殺害を見」と『横浜市震災誌』が記す横浜において、朝鮮人を殺したとして起訴されたのはたった一人だった。それも震災の翌年になり、被災者のバラック村で、配給品の分配をめぐるいさかいが原因となり、腹いせのように震災直後の行状を告発されたものだった。多くの人が見ている前で朝鮮人を殺していたのだが、一年間は看過、黙殺されていた。刑事責任を問われたのは、日本人に公然と告発されたという事情のためだったようだ。そして判決は懲役二年で執行猶予がついた。

先に紹介した「神奈川方面警備部隊法務部日誌」を思い出してみよう。捜査の責任者が横浜市内の虐殺の現場を二日続けて実際に訪ねたことを記録していた。しかし、その事件で刑事責任を問われた人間は一人もいなかった。法律的には、虐殺はなかったことにされたのだ。

立教大学名誉教授の山田昭次さんは、群馬県の藤岡事件、埼玉県の本庄事件など三八の事件の地裁判決を調べている。

虐殺で有罪判決を受けた二九〇人のうち、朝鮮人虐殺のみで罪に問われたのは九七人で、そのうち八一人には執行猶予がついていた。実刑は一六人だが最高でも懲役四年以下だった。それに対して日本人虐殺に問われた九一人の中では、五四人に実刑が言い渡されていた。実刑率は朝鮮人虐殺が一六・五%なのに対して、日本人虐殺は五九・三%。違いは明白だ。

朝鮮人虐殺でもいくらか重い判決を受けた被告もいた。警察署に保護されている朝鮮人を襲った、警察のトラックに乗っている朝鮮人を虐殺したといったケースで、一〇二人が有罪になり、うち四八人が実刑だった。

「地裁判決が重視したのは警察権に対する反抗、および日本人を朝鮮人と誤認して殺したり、相手が日本人とわかっても殺した虐殺であり、朝鮮人虐殺を軽視した。官憲はこのような裁判で朝鮮人虐殺の国家責任を果たしたような外見を作った」と山田さんは指摘している。

あまりにも多くの民衆が加害者だった。だれが加害者なのかを地域社会はよく知っていたはずだが、その全員の罪を追及したら大変なことになってしまう。かといって間違いだったとはいえない。

だとすれば、特に悪質なものを除いて、虐殺はなかったことにするしかなかったのだろう。

政府も軍も警察も、そして民衆も、日本社会が一体となって隠蔽、忘却したのだろう。起きてしまったことは仕方ないとして責任を問うことはせず、反省することもなく、あいまいなままに放置し、うやむやになり、いつしか忘れられるのを待つことにしたのだろう。

考えてみれば、それは今日の日本の政治でもしばしば見かける手法である。ある種、困りごとが起きた時の日本的対処方法の典型なのかもしれないが、事実に目をつぶり、なかったことにしたのだろう。

2 突然誕生したことにされた自警団

†自警団誕生をめぐる謎

不思議でならないことがある。

『関東大震災』で吉村昭は「その異常心理から、各町村で朝鮮人来襲にそなえる自警団という組織が自然発生的に生まれたのだ」と書いている。

だが、自警団の準備は、樋口雄一さんの研究によって、大震災の前から進められていたことは明白だ。

神奈川県の鎌倉郡内で、町村ごとに震災にどのように対応したかを調査した記録が『神奈川県史』に載っている。

その中に「自警団の組織如何《いかに》」との質問への回答が見える。

中川村の村長は「各部落に震災以前より組織し有りたるを以て、震災後に於ては之をして昼夜を問わず警備に一層努力しつつあり」とし、中和田村の村長は「各部落ごと震災前より組織し震災後に於ては夜警其他一般に関し一層努力しつつあり」と回答している。どちらの回答も九月一七日付である。

『神奈川県史』には鎌倉郡戸塚町の自衛団の規約も載っている。組織の目的を「火災盗難の予防、匪徒の警戒をなす」と示したうえで、「本団に団長一名副団長二名を置き、警察署の指揮を受けるものとす」と定めている。

こうした記録が示すのは、地域の自警団は震災前に警察の主導で準備されていたことだ。その中心は在郷軍人と青年団員だった。震災の直後に虐殺を引き起こした自警団も中心になっていたのは在郷軍人と青年団員だった。

震災の直後に自警団が自然発生的に誕生したとすると、以前から準備されていたものとは別の組織が、同じ人たちによって、同じような目的で、震災の混乱の中、新たに組織されたことになる。それも交通も通信も途絶した被災地の広い範囲の至るところで同時にである。

そのようなことがありえるのだろうか。

いくら考えても思いつかない。到底ありえないことだろう。

それでは、なぜ「自警団は震災後に自然発生的に誕生した」ことになったのだろう。

その謎の手がかりとなる本がある。

『神奈川県下の大震火災と警察』（一九二六年）で、こう記している。

「震災翌日から県下到る処に組織された所謂《いわゆる》自警団員は竹槍、刀剣や甚しきは銃器を携帯して集団避難民又は部落を警固し、且つ不逞者に備うる等、不穏の状態を現はして来たが、彼等は統率者なき烏合の衆なので動《やや》もすれば無辜の民を殺傷し、夜間同士打の悲喜劇を演じ」

「震災翌日から組織された」「統率者なき烏合の衆」であることが強調されている。自警団をめぐるイメージの基本形が示されているといっていいだろう。

✝在郷軍人会の支部報

では実際はどうだったのだろう。

震災直後の自警団の動きを伝える興味深い資料が防衛省防衛研究所に残っている。埼玉

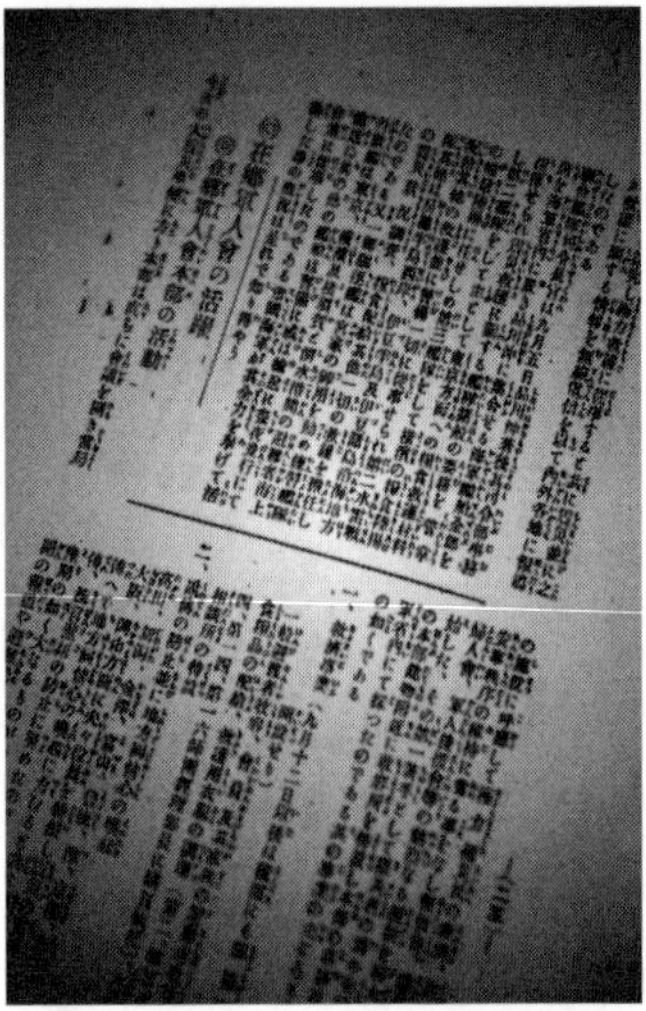

在郷軍人会熊谷支部の「支部報・震災特別号」。「在郷軍人会の活躍」との章を設け、中央の本部の動きから市町村ごとの組織の活動までを紹介している。

県にあった在郷軍人会熊谷支部の「支部報・震災特別号」で、この年の一一月一日付の発行なので、震災の余燼の残る段階で作られたものだ。

支部の事務局の所在地は「熊谷連隊区司令部内」とある。連隊区司令部は徴兵など地域における軍の行政事務を担った役所だった。

熊谷連隊区司令部は栃木県宇都宮市に本部を置いた第一四師団の出先機関で、熊谷、川越から秩父にいたるまで埼玉県内の五つの郡を管轄していた。その範囲の在郷軍人会の組織をたばねた支部の機関誌である。

支部報は市町村ごとの分会の活動を報じている。

飯能町分会はこうある。

「九月一日より一三日間、青年団、消防組と協力、自警団を組織し町内の警備に任じ、町内六ケ所に会員を配置し、浮説の防止・火災予防・人心の慰撫に努め、特に一、二の両日は全員出動」

古谷村分会はこうだった。

「九月二日より六日間、青年団、消防組と協力、自警団を組織し、本部を学校に置き、各班ごとに警備区域を分担し、特に川越―大宮道並びに電車停留場の警備をなし、もって安寧秩序の維持に努力せり」

名栗村分会からの報告はこうある。

「二日夜一一時半頃、東京方面より駆逐されたる三〇〇余名の不逞鮮人、爆弾あるいは凶器を手にして隣村に襲来し、当村にも危害を及ぼすべしとの流言伝わるや、消防隊は警鐘を乱打して出動を求む。分会員もまた各班出動、要所の警戒に任じたるも、その虚説なるを確かめ解散せるも、爾来、人心を鎮静ならしむるため消防隊と協力、二週間夜警を継続せり。三日、各種団体と協力、毎戸へ宣伝ビラを配布し、慰問袋二千個以上を夕刻までに募集し、翌四日、自動車にて運搬、東京市役所へ寄贈せり」

実に整然と組織として行動していたことをうかがわせる。青年団などと協力し、自警団の活動が震災の直後、迅速に始まっていたことも伝えている。

これを読んで、烏合の衆だと思う人がいるだろうか。埼玉と神奈川では震災の被害の度合いは相当に違っていたが、在郷軍人会の組織や行動の原則に大きな違いがあったとは思えない。

熊谷では、かなりの数の朝鮮人が虐殺されたことが知られている。この年の一〇月二三日の東京日日新聞は「熊谷騒擾事件の公判」が浦和地裁で始まったと伝えている。朝鮮人四六人を殺害したとして三五人が罪に問われたもので、法廷に証拠品が運び込まれたが、「竹槍、日本刀、鳶口、棍棒などが垣をつくって物すごい」と報じている。

ちなみに熊谷支部の地元でありながら、熊谷町分会の活動報告は、この支部報には見当たらない。

†なぜ「突然誕生」したのか

『神奈川県下の大震火災と警察』は震災を語る時に引用されることの多い本である。著者の西坂勝人は震災当時、神奈川県警察部高等課長であり、県内の事情をよく知る立場にいたと考えられるからだ。

その西坂の前職は藤沢警察署長だった。

先に紹介した樋口雄一さんの調べた横浜貿易新報の中にこんな記事があった。

「藤沢町西坂戸親交会自衛団では民衆警察の実をあげるために三月四日に盛大に発会式を実施することになっており、これは西坂・前藤沢警察署長の後援によるものである」

ここに登場する西坂・前署長こそ、この本の著者の西坂勝人なのだ。

自警団の生い立ちを知らないはずがない。高等課長という立場で県内の組織状況も知っていたはずだ。それがなぜ、このように記したのだろう。

「突然誕生したことにする」と決めたからだろう。あるいは、警察が中心となり震災前に準備していた自警団は、震災後の自警団とは別の組織であるとみなすことにした。そう考えると理解できる。

警察官僚という立場で、この事態に遭遇したと考えてみよう。自分たちが主導し準備してきた組織が大量殺人を引き起こしてしまったのだ。困惑したはずだ。認めることができない事態だっただろう。

そこで警察とは無関係に、混乱の中で同時多発的に一斉に誕生したもので、統制が取れないまま暴走してしまった——という枠組みに自警団を押し込んだ。

そのうえで虐殺の責任を自警団に負わせた。自警団とは突然誕生した烏合の衆、つまり何が実態なのか、誰が責任者なのか分からない空気か雲のようなあいまいな存在なのだが、すべてはその自警団が悪かったということにしてしまった。

全国にその見解を行き渡らせるのだから、政権なり警察組織なりの判断があったのだろう。朝鮮人を殺したことさえ基本的に罪に問わないことにしたのだから、そのぐらいは訳のないことだったはずだ。

自警団の活動に震災の後になって初めて加わった人がいたのも確かだ。無政府主義者の大杉栄が憲兵大尉の甘粕正彦に虐殺されたのは、社会がいくらか落ち着きを取り戻した九月一六日になってのことだったが、震災の直後に大杉は地域で自警団の活動に参加していたと伝わっている。警察が作らせた組織に、警察の最重要監視対象だった大杉が、震災の前から参加していたとは思えない。震災後に地域の自警団に参加して活動した大杉のような人は相当にいたのだろう。そうした事情を利用して、自警団は「突然誕生した」ことにして、いつしか意図した通りに通説化したのではなかったのか。

作家の里見弴は自伝的小説『安城家の兄弟』の中で、震災後に在郷軍人が自警団と一緒に地域の家々を訪ね、大杉栄を虐殺した甘粕大尉の減刑を求める署名を集める姿を描いている。近衛師団の軍帽にカーキー色の外套の軍服姿と記している。在郷軍人は行事などでは軍服を着用することを奨励されていた。

それは実際にあった体験だったとして、里見はエッセイの中で「家内が来て、執拗《しつこ》く食ひさがられるとか、つい面倒になつて、いやでなかつたら、お前が書いてやるぶんにはかまはないよ、と言つてしまひまして、その卑怯さに、あとでずゐぶん苦悩したのも忘れられません」と述懐している。

在郷軍人とはどのような姿をした人で、自警団とはどのような存在だったのかを教えてくれる。震災の大変な混乱の中、被災地の至るところで一斉に自然発生的に突然誕生したとか、統率の取れない烏合の衆だったなどとはとても思えない。

第八章　いくつもの戦後

1　語られない戦場での体験

†一周年の追悼集会

一九二四年九月一四日の読売新聞に、東京で前日に開催された朝鮮人学生による震災から一周年の追悼集会の記事が載っている。

「被○○朝鮮同胞記念追悼会」「被服廠跡で○○された我同胞はその数三千二百」と伏せ字が見える。検閲の結果なのだろうが、伏せ字になっているのは「虐殺」以外には考えられない。

さらに「その筋の眼が光ってビラの『被虐殺』云々の『虐』の一字に全部貼紙をさせ」ともある。

女子学生が「私共は何等かの手段で復讐せねばならぬ」と演説すると中止を命じられ、続く弁士が「鮮人○○の不法を責め『同胞の霊に答へるやうな事をやらうではないか』と怒号する」と警察が「治安妨害」だとして解散を命令し、私服警官隊二百余名が殺到し一大修羅場と化してしまったとある。

「虐殺はなかった」ことにしたいとの思いや動きは、何も近年になり始まったことではなかったのだ。

だが、警察がこのように弾圧したとしても、司法が罪に問わないことにしたとしても、社会が全体でなかったことにしようとしたとしても、それだけでは、関東大震災の朝鮮人虐殺がここまで社会の記憶から抜け落ちることはなかっただろう。今日の日本社会においては、「なかった」という考えが議会のような公的な場でためらうことなく語られている。「法治国家日本で千人単位の虐殺などありえない」「荒唐無稽な言いがかりだ。日本人として許せない」といった思いを抱いている人も多いようだ。

日本人はそんなことはするはずがない。どんな困難の中でも整然として助け合うのが日本人だといった考えが、近年の日本では力を持っていることも背景にはあるのかもしれない。

だがそれ以上に、日本の近代史において、この虐殺が孤立した存在に見えるからだろうと思えてならない。類例が見当たらないのだ。だから、そんなことがあったとは思えない。あったことは認めたとしても、精神異常としか思えないのだろう。

だが、ここまでの探索で、視野を朝鮮半島にまで広げると、朝鮮人を虐殺するという行為を日本軍が繰り返していた歴史が見えてきた。

そうした事実は忘れ去られ、関東大震災と結びつけて考えられることもなかった。歴史も記憶も、日本列島の内と外で分断され、断片化してしまっていた。

だから類例のない孤立した存在として映り、理解できなくなってしまったのではないだろうか。

†類例なく孤立した虐殺

そんなことを思案しているうちに、かつて中国人の大学教授に聞いた話を思い出した。

二一世紀を迎えてほどないころ、日本と中国の間で歴史認識をめぐる確執が表面化したことがあった。中国各地で反日デモや暴動が起こり、日本車や日本資本の店舗が襲われた。暴動の背景を知りたいと中国人の研究者を訪ね歩いた。

そのうちの一人の教育学者が、専門とする見地からこんな指摘をしてくれた。

戦後、日本の教職員組合は「教え子を再び戦場に送るな」を平和活動のスローガンにした。だが、その前に「戦場で何をしたのか」を教え子たちになぜ問わなかったのか。日本人は中国で日本軍が具体的に何をしたのかを知らない。何か悪いことをしたようだといったあいまいなイメージを持っているだけだ、と。

自身の経験も語ってくれた。

「日中が国交を回復する時、悪かったのは日本軍国主義の指導者たちで、日本人民も犠牲者だったと教えられた。一九八〇年代の初頭、留学で日本にやって来た。東京の上野に花見に出かけた。そこで年配の男性の団体の宴席に出会った。聞こえてくる話から戦友会の集まりだと分かった。そこで語られていたのは中国で何をしたかという自慢話だった。日本の民衆は犠牲者でないばかりか、悪いことをしたという自覚もないことを知った。中国で教えられたことと実際の姿はまったく違っていた。驚き、ショックだった。あれは中国の民衆に国交回復を納得させるためのフィクションだったのだ」

その指摘は昭和の戦争だけに当てはまるものではないのだろう。明治から大正にかけても、いくつもの戦争があり、いくつもの戦後があった。そこでも戦場での生々しい実態が当事者の口から語られることも、問われることもなかったのだろう。まして悪いことをしたなどという意識を持つことも、そうした考えが社会的に広まることもなかったのだろう。

米国との戦争では、日本は負けたために、民衆を巻き込んだ中国などでの無差別の殺戮を隠しようがなかった。

それでもなお、民衆虐殺のような非人道的な行為は、昭和のファシズム期になってから始まったもので、現地の部隊の暴走的な悪行であり、日本陸軍の伝統から逸脱した行為だったというような文脈の中で理解しようとしてきた。

昭和の偏狭な軍部とは違い、明治や大正の軍人たちの行いは正しかったという考えは今日でも力を持っている。海外の新聞の報道により否定しようのなかった日清戦争での旅順虐殺は例外的な事件ととらえられてきた。

その結果、関東大震災の虐殺は明治・大正の歴史の中で孤立した出来事となってしまった。後世の人にとっては、類例が見当たらないので理解できず、「精神異常」とでも考えるしかなくなっていたのではなかったのか。

†「動くものはすべて殺せ」

戦場での体験が語られないという側面に目を向けるようになったのは、一冊の本との出会いがきっかけだった。

ソンミ村はベトナム戦争の記憶を持つ世代の人にとっては脳裏に刻まれた地名であろう。この村のミライ集落を米軍の部隊が襲ったのは一九六八年三月のことであった。一人の戦闘員も見当たらない集落だったが、米軍の部隊は五〇〇人の住民を皆殺しにした。ひとりの戦死者も出さずに敵兵一二八名を殺害した、と米軍はその戦果を発表していた。

この集落で実際は何があったのかが明らかになったのは翌年一一月のことで、フリージャーナリストのシーモア・ハーシュの粘り強い取材の成果だった。

激しい批判が巻き起こり、米軍は調査に着手し、詳細を伝える報道も相次ぎ、凄惨な実態が明らかになった。

襲撃の前夜、指揮官の大尉が作戦の説明をした。「村の何もかも殺せ」「息をしているものはすべて殺せ」と命令をした。

それに対して、一人の兵士が尋ねた。

「女や子供も殺すのですか」

答えて大尉はこう命じた。

「動くものはすべて殺せ」

ソンミ村の事件は日本でも新聞やテレビが繰り返し報じた。当時中学生だった私には、してはいけないことを若い指揮官が率いる米軍の小さな部隊が過ってしてしまった特別な事件として記憶に残った。

米国の歴史家でジャーナリストのニック・タースが『動くものはすべて殺せ』を刊行したのは二〇一三年である。邦訳は二〇一五年にみすず書房から出版された。

ベトナム戦争における民間人虐殺の実態を一〇年にわたり調べ上げた大変な労作である。

ミライ集落での虐殺の克明な描写から作品は始まる。

「彼らが遭遇したのは、戦いたくてうずうずしている敵兵ではなく、民間人だった。それも女性や子供と老人たちだけだ。多くはまだ朝食に食べるコメを炊いていた。それでも兵士たちは命令を完璧に守って殺害した。何もかもを。動くものはすべて」「自宅で座っていた老人や隠れようとして逃げまどう子供たちを撃ち殺した。なかを調べもせず、住居に手榴弾を放り込んだ。女性の髪をつかんで、至近距離からピストルを撃ち込んだ士官もいた。ある女性は、赤ちゃんを抱いて家から出てきたところを即座に撃たれた。子供が地面に転がり落ちると、べつのＧＩ（兵卒）がその子にＭ16ライフルの銃弾を浴びせた」

言葉を失うような光景である。「背筋が凍り付く」とタースは表現している。

だが、タースが調査によって明らかにしたのはソンミ村での出来事の詳細ではない。ソンミ村の陰に隠れ、数多くの虐殺が忘れ去られている実態を掘り起こしたのだ。例外的な「逸脱」とされてきたソンミ村での虐殺だったが、それは米軍の作戦の一環であり、同様の民間人の無差別虐殺が日常的に行われていたことを、丹念に探し出した公文書と数多くの当事者の証言をもとに白日の下にさらしたのだ。ベトナムには幾百というソンミ村の惨劇、悲劇があったのだ。報道によって明るみに出てしまいソンミ村の虐殺は否定しようがなかったが、それ以外は口をつぐんで語られることはなかったのだ。

そうした事実をタースは克明に明らかにした。

私にとって何よりの驚きだったのは、ベトナム戦争という、まだ歴史になりきっていない生々しい記憶が舞台であることだった。虐殺に関わったり、目撃したりした当事者は米国内だけでもかなりの規模で生存しているはずだ。それにもかかわらず、表に出ることなく、ソンミ村だけが例外的な事例とされてきた。

その背景にもタースは迫っている。兵士による告発はあり、米軍は調査もしていた。その記録をタースは丹念に探しだし読み解いている。

だが、すべてはそこで止まっていた。告発した兵士への米軍からの回答の手紙も紹介されている。そこにはこう記されている。

「アメリカ合衆国陸軍は、無意味な殺人や人命軽視を許したことは過去一度もありません」

タースの仕事は際だっており、国外での兵士の非人道的行為が、いかに国内の記憶として残りにくいのかを教えてくれる。

読み進むうちに思いが強まった。

きっと日本も同じだったのだ。

2 日本人の心の隙を狙った詐術

†副読本の初版

横浜の中学生向け副読本は一九七一年が初版で、関東大震災はこう記されていた。

「政府は戒厳令を発令し軍隊を輸送して要所を固め、警察官を災害のはげしいところに派遣し、治安の維持をはかった。朝鮮人事件のようなおそろしいうわさや略奪から身を守るために市民も自警団を組織して、これに協力した」

編集したのは社会科に詳しい校長やベテラン教員だった。震災から四八年後なので、幼い日に震災に遭遇したはずだが、目撃や伝聞しただろう惨劇への言及はない。その一方で自警団の活動は正しかったとの思いをにじませている。

しかし、それが特別な意識だったとは思えない。執筆者が五五歳だったとすると、七歳で震災に遭遇した。虐殺は公然と行われたから、横浜の出身であれば目撃しただろう。ところが誰も罪に問われないのだから、間違ったこと、犯罪だとの意識を持つことはなかっただろう。

一五歳になると満州事変が勃発し、二一歳で日中戦争が始まり、二五歳で日米戦争に突入した。

その世代の日本の男性はほとんどが軍隊を体験した。その間、アジアの他民族を殺してはいけないというような規範が日本社会にあっただろうか。敗戦を経ても、そうした意識が変わることなく日本社会に脈々と伏流していた。そうしたことをこの初版本は物語っているのだろう。

関東大震災の虐殺の事実を掘り起こす作業が始まったのは一九六〇年代になってのことで、その中心を担ったのは在日朝鮮人の研究者だった。日本人にとっては、なかったことにして、忘れようとしていた歴史だったのだ。

横浜の寺町である久保山には「関東大震災殉難朝鮮人慰霊之碑」が建っている。背面には「少年の日に目撃した一市民建之」と刻まれている。かまぼこ製造業の石橋大司さんが一九七四年に私財を投じ建立した。

石橋さんは小学二年生で震災を体験した。作文を残した子どもたちと同世代だ。副読本の初版を作ったはずの人たちとも同世代だ。

その思いを七八歳になった一九九三年に朝日新聞に語っている。

「多くの日本人は朝鮮人を虐殺したり、目撃したりしているのに口をつぐんでいる。恥ずべきことだ」

†根拠なき詐術の標的

関東大震災の虐殺とはどのような事態であったのか。なぜそのような惨劇が引き起こされ、なぜその経験や記憶が世代を越えて受け継がれなかったのか。そうした疑問への答えが徐々にだが浮かび上がってきた。

東京や横浜で、しかも公然の空間で、何の罪もない人々が次々と殺された。殺したのは私たちと同じ市井の日本人だった。

今日の平和な社会を生きる日本人からすれば、そんなことは、ありえるはずがないと思うのも不思議ではない。日本人はそんなことはしないものだと信じている人も多いだろう。信じられない、信じたくないという思いも理解できる。

しかし、それはあったことなのだ。

奇妙な見解が「歴史の真実」だとして語られることは珍しいことではない。明らかに事実とは異なっていても、「虐殺はなかった」と言い張る人がいることも、その意図が何であれ、そうした一つととらえることができるかもしれない。

だが、そうした根拠のない主張が、今日の日本社会では、一定の支持を集め公的な空間にまで力を広げるようになっている。

「虐殺はなかった」との主張が論拠とするのは「大量虐殺を物語る公文書はない」「流言は根拠のないデマではなかった」「殺された朝鮮人はいたが犯罪者で、日本人の正当防衛だ」——といったあたりに要約できる。

まず公文書が存在しない理由はもう説明は不要だろう。処分し残さなかったからだ。あるいはもともと作らなかったことも考えられる。東学農民戦争における戦死の記録の改竄を思い起こしてみよう。戦いをなかったことにしたのだから、戦死者がいては困るのだ。関東大震災の虐殺も、罪に問わないことにしたのだから、犯罪行為を物語る文書はあってはならなかったはずだ。

流言については、数多くの証言が残っている。

神奈川警備隊の司令官だった奥平俊蔵中将は次のように書き残している。

「騒擾の原因は不逞日本人にあるはもちろんにして、彼らは自ら悪事をなし、これを朝鮮人に転嫁し事ごとに朝鮮人だという。横浜に於ても朝鮮人が強盗強姦を為し井戸に毒を投げ込み、放火その他各種の悪事をなせしを耳にせるをもって、その筋の命もあり、旁々《かたがた》にこれを徹底して調査せしに、ことごとく事実無根に帰着せり」

「流言はデマではなかった」ことの根拠としては当時の新聞が提示されることが多いが、それは震災直後の混乱の中、流言をそのまま伝えた誤報の新聞だ。

一〇月二〇日に報道の統制が解かれると、事実を踏まえた報道が始まる。

二一日の東京日日新聞は「横浜で殺された鮮人百五十人に上る／流言が因で一週間銃声絶えず」と報じている。

二三日の東京朝日新聞には「朝鮮人の犯罪は横浜市内で十数件」との記事が見える。「横浜市内の暴行朝鮮人と認められるものは山手町と伊勢佐木町に燐寸《マッチ》を以て放火したもの二名、中村町と神奈川町で強盗二名、窃盗が市内各所で七、八件に及んで居るが、犯人は何れも自警団の手で殺害されたものらしく警察部では確証を挙げる為め苦心して居る。尚朝鮮人が強盗を為し或は井戸に毒薬を投じた事実は認められない」と報じるもので、見出しとは裏腹に朝鮮人の犯罪として確証のあるものは一つもないことを伝える内容である。

二七日の大阪朝日新聞は一面トップに「不逞自警団の検挙」という記事を掲げている。

「泥棒を捕まえて見れば我が子なり――。大震災当時、不逞鮮人の暴動や掠奪の風説が馬鹿々々しき程まで大袈裟に伝えられ、所謂自警団の組織となり、多数鮮人の殺傷と言う大惨劇が行われたのであるが、今日に至って調査して見ると、震災のドサクサに乗じて、強盗掠奪等の罪を犯したものは不逞の日本人であって朝鮮人ではなかった事が明らかになった」

少し冷静になって確かめてみれば、「虐殺はなかった」という主張は、根拠のない詐術なのは明白なのだ。

それが力を持つようになっているのは、「信じられない」という日本人の素朴な思いにつけ込みやすいからなのだろう。何が事実なのかを突き詰めることなく過ごしてきたために、あいまいな自画像しか描けない今日の日本人の心の隙を狙った詐術だともいえる。日本人は善良なのだ。どんな時でも悪いことなどしないものだ。そんな心情が標的なのだ。

朝鮮人の境遇に思いを寄せる少女の作文を紹介したが、そこに描かれていた助け合う日本人の姿はどこまでも善良である。しかし、そのすぐ脇では容赦ない迫害や虐殺が行われていた。

二つの姿の間のギャップは果てしなく大きいようにも思えるが、どちらも実際にあったことなのであり、両者を冷静に見つめてこそ、日本人が何をしてきたのかというありのままの歴史的な自画像が浮かんでくるはずだ。濃淡、明暗、光と影を伴い、等身大の自画像がである。

終章

次の時代を展望する歴史像のヒント

†判決の背後の苦難の歴史

徴用工訴訟をめぐる日韓の対立を、どう考えたらいいのだろうと手がかりを求め乗り出した探索だったが、次々とわき上がる疑問を追いかけるうちに、思わぬ領域にまで踏み込んでしまった。徴用工問題と関東大震災の虐殺問題には通底するものがあることが見えてきた。日本には意図して忘れ去った歴史があり、それを「なかった」と言い張っているのに対して、「捏造するな。私たちは覚えている」と韓国が告発している側面があることも見えてきた。

どちらも問われているのは日本人の歴史認識である。

徴用工訴訟をめぐる対立も、何が問題なのかが見えてきた。

「国交正常化以降で最悪」という対立をもたらした大法院判決の骨格をなしていたのは「日本による併合は不法であり無効だった」という論理だった。その後の日本による支配も不法・無効であり、日本国民とみなして朝鮮人に対して行った政策も不法・無効なのだ。さらに日韓請求権協定には植民地支配に対する賠償は含まれていないとの認識が合わさり、日本企業に賠償を命じていた。

来日した経緯はどうだったのか、過酷な労働を強いられたのか、強制的な貯金を預かっていたのは誰かといった点をめぐる論争が目につくが、この判決の核心は、そもそも併合は不法だったと認定したことにある。併合は不法で、日本の支配は軍事力による強制占領なのであり、そのもとで行われた非人道的な政策は認めることができないという論理なのである。そして不法な行為による損害は日韓請求権協定の対象外であり、いまだ清算されていないとの判断に至っているのだ。

不法・無効と主張する論理は二つの認識によって構成されていた。

一つは「併合条約には手続き的な不備があり、無効だ」という認識だった。一九九〇年代から日韓の研究者の間で議論されてきたが、見解がまとまることはなく、水掛け論となっていた。

もう一つは「併合条約は明らかに計算された持続的な努力の最終結果物であり不法だ」という認識であった。日本人にとっては理解しにくい主張である。「たわごと」のように聞こえる人もいるだろうが、ここまでの探索によって、韓国の人々の思いのもととなっている数々の苦難の歴史が見えてきた。

日清戦争は日本が朝鮮に無理難題を押しつけ、武力で威嚇することで始めた戦争だった。東学農民戦争は日本が朝鮮の民衆と直接向き合った初めての場だったが、抵抗する東学の農民に対して、日本が示したのは武力による皆殺しの方針だった。明るみになったその実態は凄惨を極める無差別の殺戮だった。日露戦争では大量の兵を朝鮮半島に上陸させ主要な戦場に送り込み、朝鮮の人々に日本の武力をみせつけた。それでも日本の支配に従うことを拒み義兵の闘争が始まると、それに対して日本は過酷な方針で臨んだ。

そうした過程を通して日本は韓国を「保護国＝属国」とし、外交も内政も掌握した。併合条約を持ち出された時には、抗う力はもはやどれほども残っていなかった。

日本人だけでも三〇〇万人以上が亡くなった第二次世界大戦を振り返る時、一九三六年の二・二六事件が大きな画期だったと語られる。政府要人を殺害した軍人による暴力におののき、異論を唱える人がいなくなり、軍の暴走を許すことになったという脈絡での解釈である。

だが、日本人がおびえたとされる二・二六事件での死者は何人だろうか。九人であり、うち五人は警備の警察官であった。併合に至るまでに、日本の武力によって奪われた朝鮮人の命は桁違いに多かった事実が視野に入っている日本人はどのぐらいいるのだろうか。それでもなお、朝鮮の人々は日本の支配に抵抗を続け、最後に力尽きるようにして併合に追い込まれていた。

印鑑をついた証文があるからと、借金を返せと言われても、暴力的に無理矢理に押させられた、あるいは奪われた印鑑が勝手に使われたものだったら、「無効だ」と叫びたいのは自然なことだろう。

韓国の人々が、「併合条約は不法であり、無効である」と今日になっても拒絶する無念の思いがそこにあるのだろう。

†久保田発言

そうした韓国の人たちの思いに、日本はどのように向き合ってきたのだろう。

一九五三年の日韓会談での久保田貫一郎首席代表の発言を振り返ってみよう。

「外交史的に見たとき、日本が進出しなければ、ロシアか中国が占領し、現在の北朝鮮のように、より悲惨であったろう」
「朝鮮の独立を決めたカイロ宣言は、戦争中の興奮状態において連合国が書いたものであるから、今連合国が書いたとしたならば、あんな文句は使わなかったであろう」
「韓国側が朝鮮総督府の三六年間の統治に対する賠償を要求してきたとしたら、総督政治のよかった面、例えば禿山が緑の山に変わった。鉄道が敷かれた。港湾が築かれた、また米を作る田が殖えたということを反対し要求しまして、韓国側の要求と相殺したであろう」

この久保田発言に、韓国は「妄言だ」と強く反発し、日韓会談は中断してしまったのだが、一般的な日本人の抱く素朴な意識だったのではないだろうか。そして日本人の認識は今日もさほど変わっていないのではないだろうか。

だが、そうした日本人の歴史認識は、事実を改竄し、記録を処分し、記憶を忘却することで日本にとって都合よく作り上げられていたものだった。

一九六五年に日韓基本条約や日韓請求権協定が結ばれた時には、そうした事実を少なくとも韓国側では知りようがなかった。日本の主張に抗弁しようにも具体的な論拠を提示できなかった。

併合条約に手続き的な不備があるとの指摘が提起され、日清戦争の正史が事実を改竄して書かれていたのが確認されるのは一九九〇年代になってのことであり、徴用工訴訟はそのような時期に始まっていた。日本での敗訴を経て、韓国で提訴されたのは、日韓会談の内容が公開された時期であった。

その間に、日本が都合よく書いた歴史のために覆い隠されていた韓国併合に至るまでの日本の振る舞いの実態や朝鮮の人々の犠牲や苦難の連続が、研究の進展によって明らかになってきた。

二〇一〇年に発表された「『韓国併合』一〇〇年日韓知識人共同声明」はそうした歴史研究の成果を踏まえ、「韓国併合は、この国の皇帝から民衆までの激しい抗議を軍隊の力で押しつぶして、実現された、文字通りの帝国主義の行為であり、不義不正の行為である」と指摘したうえで、「併合の歴史について今日明らかにされた事実と歪みなき認識に立って振り返れば、もはや日本側の解釈を維持することはできない。併合条約は元来不義不当なものであったという意味において、当初より null and void であるとする韓国側の解釈が共通に受け入れられるべきである」と呼びかけている。

声明には、歴史学者の和田春樹さんや宮嶋博史さん、宮地正人さん、政治学者の三谷太一郎さん、哲学者の鶴見俊輔さん、作家の大江健三郎さんら日韓両国から合わせて一〇〇〇人近くが賛同者として名を連ねた。韓国側では学者や言論人のほか詩人の金芝河《キムジハ》さんの名も見える。多くの日本人が当たり前に抱いている歴史像は、もはや成り立たないとの認識は研究者やこの問題への関心を持つ人々の間では新しいことでも、珍しいことでもないのだ。

そうした経緯を経て、徴用工訴訟の大きな転換点となった二〇一二年の韓国大法院判決は言い渡された。それは保守の李明博政権下のことであり、政治的な意図で唐突に生まれたといった判決ではなかったのだ。

ところが、その判決の指摘、主張することを、日本は理解できない、理解しようとしないままに、「無礼だ」といった思いを深め、敵対感や憎悪を隠さなくなっている。

韓国の人たちはことあるごとに、「歴史を改竄する、歪曲する」と日本を批判、非難してきた。それがどのような思いによるものであり、具体的にどのような点を指すのかを、どれほどの日本人が理解しようとしてきただろうか。慰安婦問題で、「記録がない」と日本が説明しても、韓国は納得しようとしない。記録がないのは慰安婦についてだけではないのだから自然なことだろうが、それがなぜなのか、想像がつかないのではないか。

少なくても私はそうだった。

だが、ここまでたどってみると、どうだろう。歴史認識の溝の淵源をのぞき見てもなお、「無礼だ」と言い放つだけの勇気と傲慢さを備えた人はどのぐらいいるだろうか。明らかになった歴史の事実を、自分が被害者だったとして、眺め返したらどうだろう。無念だとの思いがわいてはこないだろうか。


対立が深まるにつれて、韓国がいかに日本とは違うかを説明する書籍が多数刊行されてきた。ネットの空間には、韓国の主張する歴史像がいかに民族主義的で奇怪であるかとか、反日教育がいかに歪んだ人間を育てているかといった言説があふれている。韓国の事情についてのそうした知識はすでに十分に身につけたのではないだろうか。

現状を望ましくないと思うのであれば、ここから先に必要なのは、私たち自身を見つめ直すことだろう。当たり前だと思い疑うことなく抱いている歴史像が、どのように生まれ今日に伝わったのかを考えることから始めるしかないだろう。

近代の日本が、日本人が、何をしてきたかという歴史的自画像があまりにもあいまいで、疑問と矛盾に満ちたものであることを認識、自覚することなくしては、この問題の本質的な解決は望めないように思えてならない。

✝文在寅大統領の歴史観

韓国の主張する歴史像を全面的に肯定するといった考えを私は持つものではない。とても理解や賛同のできない認識には何度も遭遇してきた。

その中でも、二〇二〇年三月一日にあった三・一運動の記念式典での文在寅大統領の演説には驚いた。

「国民の皆様、一九一九年、一年間で実に一五四二回にわたり行われたデモで全国でおよそ七六〇〇人が死亡、一万六〇〇〇人がけがを負い、四万六〇〇〇人が逮捕・拘禁されました。

世界的にも例を見ないことでした。日帝の弾圧は厳しいものでしたが、わが同胞の意気は決してくじけることはありませんでした。学生、農民、労働者、女性が自ら独立と自強、実力養成の主役となり、むしろより大きな希望を育んできました」

大統領が示した数字は独立運動家が亡命先の上海で一九二〇年に出版した本に記したも

三・一運動100周年の式典で演説する民族服姿の文大統領（2019年３月１日、時事通信）

ので、通説として長年使われてきた。ところが韓国の政府機関である国史編纂委員会が三・一独立運動のデータベースを作り上げ、百周年に合わせ二〇一九年に公開した。それによるとデモ参加者は最大で一〇三万人、死者は約九〇〇人である。

前年にあった百周年の記念式典でも文大統領は演説で「万歳の声は五月まで続きました。当時、朝鮮半島の人口の一〇%にもなる約二〇二万人が万歳デモに参加しました。約七五〇〇人の朝鮮人が殺害され、約一万六〇〇〇人が負傷しました。逮捕・拘禁された人は実に四万六〇〇〇人ほどに達しました」と述べていた。

それに対して保守系の新聞は「政権の宣伝に利用された三・一運動百周年」との記事を掲載した。国史編纂委員会の委員長は「データベースは多くの歴史研究者が使命感を持って協力し作成した高度な研究成果物」だと説明していると指摘したうえで、文大統領が根拠の疑われる現実離れした数字に言及し、批判を受けたのは一度や二度ではないが、今度は歴史についても自分の好みで数字を選んで引用するのか、と批判する内容であった。

この段階ではデータベースの運用開始から日が浅く、大統領のスピーチライターが知らなかった可能性も否定できないとも考えていた。ところが、二〇二〇年もその姿勢は変わることがなかった。

データベースの数字が一年で変わったのかとも思った。韓国の研究者に頼んで、事実関係を調べてもらったが、何も変わらず、データベースの構築にかかわった研究者は「自信を持っている」と語っていると教えてもらった。

長年抱いてきた歴史像が事実と違うなどとは認められないのだろう。人権弁護士として強圧的な政権と対峙してきた文大統領にとって、それは単なる歴史ではなく、文政権を生み出すに至った大韓民国の神聖にして不可侵な建国神話なのかもしれない。

文大統領は三・一運動の百周年を共同で祝いたいと北朝鮮の金正恩委員長に提案したが、反応はなく実現しなかった。北朝鮮も抗日運動の歴史を国家の正統性の根幹にすえているが、主役はどこまでも抗日パルチザンを率いたとして建国の父となっている金日成だ。

北朝鮮の歴史観は三・一運動を失敗と見る。帝国主義の代表である米国大統領の言葉を頼りにしたのが間違いであり、「民族代表」は公園で待つ人々の前に姿を見せずに投降したが、革命的な人民大衆に対し、ブルジョア民族主義者だった「民族代表」たちは優柔不断で動揺し、革命的で組織的な武装闘争に転換できなかったという評価なのだ。「民族の歴史」として文大統領の掲げる神話は朝鮮半島の南半分でしか効力を持たないのだ。

百周年の文大統領の演説に対しては、保守系紙が「社会内の分断を激化させる官制民族主義」「親日を悪の代名詞とする善悪二元の衛正斥邪思想」などと強く批判した。

歴史認識が朝鮮半島の南北でも、韓国内でも、分裂していることを強く印象づけた。歴史をめぐり敵対関係にあるのは日本だけではないのだ。その極めて張り詰めた緊張感を伴う複雑な勢力関係の中で、正統性を主張する根拠となっているのが歴史なのだから、引き下がることなどできないのも当然なのかもしれないが、現在の歴史像を抱いている限りは、国民の統合や民族の統一といった次の段階へと進むことは難しいことになるはずだ。朴正熙大統領に代表される冷戦下の強権的な政権との対決の中で生まれたのだろうが、文大統領の抱く歴史観も行き詰まっているといわざるをえない。

†日本人の歴史観

二〇年も前のことだが、日本の近代史を専門とする大学教授と雑談をしていて、歴史小説に話題が及び、こんな質問をしたことがあった。

「史実に最も忠実な作家はどなたですか」

答えはとても断定的だった。

「吉村昭さんだね。何度か取材を受けたが実に熱心で、ほかの作家とは全く違うよ」

吉村には『史実を追う旅』というエッセイ集があり、歴史の事実に迫ろうと丹念、周到に取材を重ねた日々が綴られている。

横浜の寺町である久保山に「関東大震災殉難朝鮮人慰霊之碑」が「少年の日に目撃した一市民」よって建立されたのが一九七四年だったことを考えても、あいまいなままに放置されてきた関東大震災と朝鮮人虐殺を吉村が取り上げた意義の大きさが分かる。『関東大震災』を出版した一九七三年に、吉村は菊池寛賞という大きな栄誉を得ている。日本社会にそれだけのインパクトを与えた作品だったのだ。

しかし、取材を重ねるうちに、『関東大震災』で吉村が示した考えに疑問を覚える点が出てきた。

似たような作業を経て、こうして自分なりに一書をまとめてみると、吉村が間違っていたとは思えない。それは時代の制約だったのだろうと思えてならない。資料がなくて、それ以上には踏み込めなかったのだ。もし吉村が今日、このテーマに取り組んだなら、きっと違うものを書いただろう。

明治の日本を語る時に、必ず話題になる司馬遼太郎の『坂の上の雲』にしても、同じ制約があったはずだ。

朝鮮をめぐって争った日露戦争が最大のテーマでありながら、朝鮮の人々がほとんど登場しないと批判されることが多い。今回、読み返してみたが、確かに登場しない。だが同時に、日清戦争の発端となったソウルでの王宮の包囲など捏造された歴史を巧みに回避している。必要ないと思ったのか、陸軍のまとめた戦史が信用できないと判断したのか、今となっては確認のしようがないが、後者の可能性があるのではないだろうか。

『坂の上の雲』は一九六八年から一九七二年にかけて発表された作品だ。陸軍によって戦史が改竄されていたことが明らかになり、東学農民の大きな犠牲が明らかになった今日、執筆したならば、この作品も違ったものになっていただろうとの思いがする。

ほぼ同じ時期に書かれた吉村の『関東大震災』と司馬の『坂の上の雲』は、日本人の歴史観に大きな影響を及ぼした。

二つの作品に共通するのは、戦前の歴史を清算し新たな歴史を描き出そうという強い意識だ。虐殺という日本人の負の側面を直視した吉村の試みも、軍神とされた乃木希典を凡将と描いた司馬の視点も、それまでの歴史像を刷新し、新鮮で魅力的だった。敗戦からほぼ四半世紀、復興を成し遂げた日本人が求めた新たな歴史像であったことは、何よりも多くの読者に支持された事実が物語っている。

そうした作品が世に出て、さらにほぼ半世紀が経った。資料の発見や研究の進展に加え、環境の変化が、新たな歴史像を必要としているような気がしてならない。

「栄光の明治」の大切な一ページとして語られてきた日清戦争だが、そもそも改竄しなくてはいけない事実や、捏造された歴史とは、輝かしいとか誇らしいものなのだろうか。関東大震災の虐殺の事実を隠してしまえば、日本の名誉は守られるものなのだろうか。

そんな問題意識は私が考えるはるか以前に、提起されていた。

震災から二月余を経た一九二三年一一月下旬、外交問題へと発展した中国人虐殺を扱った読売新聞の社説は、次のように説いていた。

「凡そ国家の名誉国民の信用は、既製の事実を事実と認め、自ら進んでその罪過を匡救《きょうきゅう》する道徳的勇気であってこそ、これを維持しこれを回復し得るのである。その罪過が国辱であるよりも、これを改め得ぬ事が寧ろ大なる国辱である」

匡救とは悪を正し危険を救うとの意味である。まったくその通りだとの思いがする。

†戦った兵士の実像

井上勝生さんの東学農民戦争の研究は隠されていた日本軍による虐殺の事実を明らかにした。日本軍の残虐さは想像を超えるものだった。

井上さんの研究は、その域にとどまるものではなかった。

四国各地の図書館を訪ね、当時の新聞を調べ、召集され朝鮮で戦場に立たされた後備兵たちの姿を追っているのだ。

愛媛県の海南新聞は一八九四年七月二三日に伊予郡垣生村《はぶむら》（現在の松山市）で後備兵十数名が召集されたことを報じる記事を載せていた。

こう伝えるものだ。

「三原某、中矢某の両名は最も赤貧にして、同人等が召集に応じた後は、稼業をなすものなく、家族はたちまち糊口を凌ぐあたはざる悲境に沈淪《ちんりん》すること明らかなり」

一八九五年一月二〇日の宇和島新聞には「貧困なる従軍者の家族」という見出しの記事があった。

東学征討軍に従軍している宇和島の兵士の家族の様子を伝えるものだ。「その一家は極めて赤貧にして別に貯えのあるにもあらず。ただ僅かに蒟蒻《こんにゃく》製造を業とし、日々取り得る些少の利益を以て」暮らしていた。老父母と妻、二人の子どもの六人家族で、「主人文蔵が出軍したる以来は、妻の難儀は一方ならざるなれど」と紹介したうえで、「健気にも又た神妙なる妻」は毎朝未明に起きて、幼児を背負って最寄りの神仏に詣で「今度の戦は、日本の大勝となるやう、夫の身の上に怪我なきよう」と祈念し、「哀れにも亦神妙なりといふべし」と報じていた。

海南新聞には「子を殺して従軍す」という記事もあった。赤貧の小作農が後備兵として召集された。妻に死なれ、「私一人で育てる手足まといの豚児、見捨て丶行くに忍びず」と迷っていると、村の顔利きに「従軍は公の事。子の養育は私の事なり。山より高く海よりも深き皇恩を知る者は今日の国難に当たり、一私人の事情を放擲して義勇、公に奉ずるの気を奮はざるべからず」などと説得された。そこで子どもを殺して出征したという内容である。

「流布された噂」として報じているが、「社会の底辺の憤懣や絶望感を捉えていた」と井上さんは見る。

朝鮮の戦場に立たされ東学農民軍と壮絶な戦いを強いられた後備兵とは、どのような人たちであったのかを教えてくれる。弱い立場の人々が逃れるすべもなく戦場に駆り出され、朝鮮社会で弱い立場の東学農民たちと戦っていた姿が浮かび上がってくる。

従軍日誌には兵士の思いや厳しい境遇も記されていた。日誌を残した兵士は、戦死した杉野虎吉上等兵とは同郷の友人だった。

一一月一一日にはソウルの郊外の拠点で「第三中隊、当所に来たる。友人杉野虎吉君に面介《ママ》す」とある。

一一月二九日には戦いの前線で再会している。

「友人杉野虎吉に面会し、戦闘の話種々、且つここまでの困苦を語合ひ数時間に及ぶ」と記している。

「ここまでの困苦」の言葉が重い。

杉野上等兵の戦死を知ったのは一二月二八日だった。

「不幸にも杉野上等兵、去る一〇日、連山の戦ひ、敵弾に中り戦死せりと聞き、驚愕落涙、水魚の友を失ひ、悲嘆せり」

厳しい寒さの中での戦いの連続だった。

一二月一四日には「この夜寒冷強く、洗面の際、頭毛凍結せり」。翌一五日は「北風強く、寒気身を貫徹し、昼食凍結す」とある。

ソウルの近くまで戻った二月二四日にはこう記した。

「出発せしより、都合七〇日間にして、其中は日々、塩煮の大根、或は塩煮の牛肉、鶏肉を食し、日本製醤油、味噌等は決して食する事出来ず。口髯は三寸余を延び、其姿恰も山賊の如く。実に戦争中の軍人は如斯者《かくのごとき》哉」

三寸余といえばほぼ一〇センチである。生々しい兵士の姿が立ち現れてくる。政治指導者や将軍、参謀らの姿を通して描かれてきたものとはまったく違う戦争の姿が、そこにはあった。

そして、その兵士の姿が、それまでに読んでいた横浜の小学生の作文の世界と私の中で結びついた。

†兵士の見た朝鮮

従軍日誌には、目撃した朝鮮の人々の暮らしも記録されていた。

仁川港に到着した翌日、初めて仁川の町を歩いた時にはこう記している。

「所々散歩の処、韓人町に至る。その不潔なる事、驚愕。草家傾きたる所に蠅多く、糞尿は家屋、道路の別なく、孰《いず》れにてもひり流し、韮を喰ふ故、その臭気実に嘔吐を覚ゆ。垢附きたる手にて餅・柿・濁酒・牛肉・馬肉・豕肉《ぶた》・犬肉・飴等を取喰ふとは、我国の牛馬、畜類にも劣れり」

その翌日、ソウルに向けて行軍する。

「進路、人糞多く、休憩するも、路傍に腰を掛るを不得」

到着したソウルでの見聞も書き記している。

「市街散歩す。その不潔なる事愕くべし。街路、傍には、人畜の糞夥し。冬気と雖ども蠅は家内に充満し、悪臭紛々とし、道路に汚穢物を流棄し、家室より道路え《ママ》尿及糞を投棄す。故に雨天のときは恰も圊厠《かわや》の壺中を渡るが如し」「常に蠅の室内に充満せるは、嗅気紛々なるに依る。不潔、驚愕して龍山に帰る」

これでは疫病も流行っただろう。民衆をこのような劣悪な環境に置いて気にもとめない政治とはいかなるものだったのだろう。東学農民の蜂起にしても、派遣された役人の過酷な収奪に対する抗議の申し立てが始まりだ。両班《ヤンバン》と呼ばれた高官たちは派閥の抗争を繰り返し、官職の売買が日常化し、そのため役職に就けば収奪に励むことが習わしになっていた。

日本が加害者であり、朝鮮は被害者だった。確かにその通りだが、そうした国を単位とした二元論だけでは語れない領域にこそ、次の時代を展望する歴史像のヒントが潜んでいるのではないだろうかとの思いがする。

†二つの神話の衝突

歴史とはある集団における共通の過去である。日本人であると意識する人たちが共有する過去が日本史を形成し、共有することで日本人、あるいは日本国民であるという意識を育ててきた。そうした国を単位や主語とした歴史を当たり前のものとして受けとめ、近代という国民国家の時代を私たちは生きてきた。

だが時代はすでにそこから先へと進んでいるのだろう。グローバル化が進み、国の壁は低くなった。何よりもインターネットの普及は情報へのアクセスを画期的に容易にした。機械翻訳などの新たな技術の革新は、言葉の壁さえも低くした。韓国の事情であれば、韓国の新聞社が日本語のサイトを設け提供してくれている。何が起きているのか、何を考えているのかを、相当につぶさに知ることができるようになっている。

そうした新たな環境は、国内でだけ通用する論理の存続を難しくしている。外国向けの立て前と、国内向けの本音といった使い分けを難しくしている。

明治以来の日本という国民国家が、みずからの生い立ちと成り立ちを示すものとして描き続けてきた歴史像が、韓国によって否定されている。それが今日の徴用工訴訟をめぐる争いとなって現れているように思えてならない。

戦後の日本は、戦争への反省から、民主的、科学的、平和的に生まれ変わった。歴史にしても、戦争への強い反省をもとに新たな像を描き出した——そんな思いを多くの日本人は抱いて戦後という空間を生きてきた。韓国との対立で、「日本が正しい」との姿勢を貫くことができるのは、そうした思いが後押しするからだろう。

だが、それはある種のフィクションだったのだ。神話で始まる戦前の歴史を否定することで戦後の日本社会は始まったのだと考えることは日本の戦後社会が信奉した新しい神話だったといっていいだろう。否定した部分は確かにあったが、それは一部で、戦前からの歴史認識の多くを無意識のままに引き継いでいたのだ。朝鮮半島に関わる部分はその最たるものであることは、ここまでたどってきた結果からも明らかだろう。

文在寅大統領が唱える韓国の神話、それに対抗する日本の戦後の神話がぶつかっているのが今日の歴史をめぐる対立なのだろう。どちらの神話も国の成り立ちを弁明、弁別するものなのだから、譲ることができない。だが、そうした神話は、そもそも国内向けにつくられたものであり、外国に対しては効力を持たない宿命を持っている。

解決を難しくしている理由の一つが、そこにあるのだろうと思えてならない。

†「竹槍を持て」

日本製品の不買運動が広がった二〇一九年から翌二〇年にかけて、韓国では東学農民戦争や独立運動などの日本に抵抗した歴史に言及する発言が目についた。

「竹槍を持て」とか「独立運動はできなくても不買運動ならできる」といったものであった。

韓国において東学農民戦争がどのように受け止められてきたのかとの関心がわき、調べてみた。東学党の乱、甲午農民戦争、東学農民戦争と日本で呼び方が変遷した理由にも関心があった。

顕彰を本格化させたのは一九六一年に登場した朴正煕大統領だった。軍事クーデターで掌握した政権であり、欠落していた正統性の補完を東学農民たちの歴史に求めた。悪政を転覆させたのは東学農民の精神を引き継ぐものだという文脈で、各地に顕彰碑が建てられた。

次いで登場した全斗煥大統領も軍事クーデターで政権についた。朴政権以上に東学農民の顕彰に熱心だった。同姓である東学の指導者全琫準に自身をなぞらえたからだった。

農民たちの運動を、封建的な支配や外国の侵略に抵抗する民衆による近代化運動と理解することが歴史研究者の間では大きな流れとなっていた。

だが、その運動における東学の役割をめぐっては、①東学による宗教闘争②東学は外皮で運動を主導したのは小作農を中心とした貧農層――と解釈が分かれた。

②はもともと北朝鮮の視点だったが、一九八〇年の光州事件を契機に韓国の研究者の間で受け入れられるようになり、甲午農民戦争という呼び方が広まった。

その後、民主化が実現し、一九八八年のソウル五輪を経て、一九九四年に迎えた農民戦争の百周年の前後から、東学の役割を重視する①の視点が支持を集めるようになった。二〇〇四年からは国の公認で東学農民革命記念事業が推進され、二〇〇七年には「東学農民革命参加者などの名誉回復に関する特別法」が制定され、東学農民革命と呼ぶことが一般的になった。

徴用工訴訟と並行するように、農民革命という歴史像が広まったようだ。ロウソクを掲げた民衆運動で朴槿恵政権を倒し登場した文在寅政権やその支持者の視線が東学農民の姿に向かうのは、ごく自然なことなのだろう。

日本で呼び名が変わったのは、そうした韓国での動向を反映したもののようだ。とはいえ私の抱いてきた歴史イメージを振り返ると、半世紀も前の高校生の時に習った「東学党の乱」から何も変わっていなかったことを痛感するばかりだ。

日本が輸出規制を打ち出すと、韓国は経済制裁だとして強く反発した。徴用工問題への報復ではなく、貿易上の管理問題だと日本は説明するようになったが、韓国はまったく受け入れようとはせず、不買運動は広がった。

そんな報道に日々接していて、『朝鮮の悲劇』の一節が頭に浮かんだ。

日本軍によって焦土となった現場で、マッケンジーがかみしめた言葉があった。

「この連中には、日本の強い手を、見せてやるのが必要である」「われわれは日本がどのぐらい強いかを彼らに悟らせなくてはならない」

ソウルで会った指導的地位にある日本人の語った言葉だった。

今日の日本政府の意図もそっくりだ。

そんな思いを私は抱いた。ここまで調べることがなければ、抱くことのなかった思いだ。竹槍や義兵、独立運動の歴史を掲げて行動を起こす韓国の人々は、そうした思いを当たり前のように抱いているのだろう。そんな思いがしてならない。

おわりに

私の生まれ育った福島の小さなまちは戊辰戦争の戦場だった。その時に焼け落ちた城跡のすぐ側にある小学校に通い、遠足では戦いの跡をめぐった。

明治一〇〇年の国をあげての祝祭の年がめぐってきたのは六年生の時だった。会津の白虎隊ほど有名ではないが、年端のいかない少年たちが兵として戦いに加わった歴史があり、記念行事として当時の出陣を模した行列をすることになり、その一員に選ばれた。

秋の日だったように覚えている。それらしい装束をまとい、少年兵の名前を記した名札をつけて並んでいると、高齢の女性が歩み寄り、手を握られた。何も語らなかったが、父親か祖父なのか、その女性の縁者の役に私が扮していることを子ども心に悟った。

薩摩や長州のような大きな藩ではないが、三〇〇人以上が戦死したとされている。そのような犠牲を払いながら、賊軍とされた敗者の立場である。許されたのは、ひっそりと悲しみ、語ることだった。それでも一世紀を経ても、生活の周辺の至る所に戦いの記憶は色濃く残っていた。

「殿様はこの道を通って逃げたんだ」といった話を何度も聞いた。新政府側に寝返ったとされる近隣のまちから嫁をもらってはいけなかったことも教えられた。歴史好きだった父ではなく、たいがいは歴史に関心があるとは思えない母の言葉だった。母もまた、きっと暮らしの中で、そうしたことを繰り返し伝え聞いて育ってきたのだろう。

日韓の歴史対立の原点ともいえる韓国併合からすでに一一〇年。人間にとっての歳月とは、記憶とは、忘却とは……そんなことを考えているうちに、少年の日の思い出がよみがえった。

公式の記録として残されなくとも、苦難の記憶は草の根の中で受け継がれるものなのだろう。犠牲や悲しみ、無念の思いはより深く刻まれるのだろう。

そういえば日本軍による細菌戦の被害の実態を調べている中国人の研究者に話を聞いたことがあった。「被害者や遺族は高齢化している。時が経てばうやむやになるだろうと日本人は思っているのかもしれないが、私たちは絶対に忘れない」。その強い言葉に圧倒された日のことを思い出した。

歴史をめぐってなぜこれほど争うのだろう。そんなことを随分長らく考えてきた。中でも日韓の対立は大きな懸案だった。様々な人に尋ね、本に目を通してきた。

それでも釈然としなかった。そこで自分なりに調べていたのだが、一冊の本にまとめようと思ったのは、二〇一九年に出版された『反日種族主義』がきっかけだった。編著者である元ソウル大学教授の李栄薫《イヨンフン》さんの研究や活動には以前から注目していた。発売当日に入手し、その日のうちに読み終えた。賛同できない点、知識がないために判断できない部分もあったが、興味深いものだった。何より韓国での変化を感じた。

日韓問題に関心のある人が多いことを物語るように、この本は日本でベストセラーとなった。ネット空間での言説を見ると、日本にとっての免罪符と受け止めた人が多いようだった。慰安婦や徴用工、植民地支配など韓国が強く日本を責めたててきた問題で、日本の言い分の正しさが証明されたととらえ、この書をもとに韓国を批判する声は一段と強くなった。

そうした雰囲気に違和感を覚えた。李栄薫さんたちが本来目指したのは、「異なる歴史の見方」があることを韓国の人々に提示することだったはずだ。大きな力を持っている「反日」を軸とした民族主義的歴史観への異議の申し立てであり、日本を批判するのではなく、自分たちの抱く歴史像を見直してみようという呼びかけであったはずだ。相当な思いを込めての出版だったのだろう、どれほどの勇気と覚悟が必要だったのだろうとの思いがした。

そうした違和感に後押しされ作業を始めたのだが、次々と新たな事実を知ることとなった。列島の内と外とで分断されていた歴史的な事実が結びつくことに気づくと、思わぬ歴史像が浮かび上がってきた。知っていたと思っていたこれまでの歴史とは何だったのだろうと自問することが多くなった。問われているのは、過去に何があったのかということにとどまらず、今日を生きる私たち日本人の歴史認識であるとの思いが強くなった。

同じような疑問やわだかまりを抱いている人はいるはずだ。何かのお役に立てば幸いである。

ここに至るまでには多くの方々に教えをいただいた。中でも早稲田大学の李成市《リソンシ》教授、京都大学の高木博志教授、韓国の大田大学の都冕會《トミョンフェ》教授、国民大学の柳美那《リュミナ》教授の助言と力添えがなければ、この書が実現することはなかった。筆を擱くに当たり深い感謝の意を記したい。

資料　「朝鮮騒擾事件ニ対スル鮮人ノ言説ニ関スル件」

「朝鮮騒擾事件ニ対スル鮮人ノ言説ニ関スル件」を資料として紹介する。国立公文書館が所蔵する大正八年の内閣書記官室の「採余公文」中の資料で、横浜市歴史博物館の井上攻さんが読み解いたものである。

大正八年五月五日
　外務大臣子爵内田康哉（印）

内閣総理大臣原敬殿

朝鮮騒擾事件ニ対スル鮮人ノ言説ニ関スル件

本件ニ関シ別紙写之通在安東森領事報告有之候ニ付、御参考迄右及御送付候、敬具

写
機密公第二五號
大正八年四月四日
　在安東領事森安三郎
外務大臣子爵内田康哉殿

朝鮮騒擾事件ニ対スル鮮人ノ言動ニ関シ報告之件
平安北道義州批峴面長生洞人ニシテ現ニ長春新市街ニ於テ商業ヲ営ム元総督府警視勲六等李鮮協ハ商用ノ為メ客月廿五日当地来着目下一鮮人旅館ニ宿泊中之処同人ハ這般ノ朝鮮騒擾事件ニ関シ大要左ノ如ク語レリトノ趣ニ有之候
一、海外殊ニ満州地方在住ノ鮮人ハ右地程在日本官憲ニ於テ内地人トノ区別ナク懇切ニ保護指導ヲ受ケ居ルヲ以右方概シテ満足ニ其業務ニ従事シ居レリ
一、鮮地ニ於テハ或場所ノ如キ日本人書記カ鮮人郡守ニ対シ公務ノ際ニ在リテモ郡守ヲ呼フニ「君」又ハ「御前」ノ語ヲ用ヰ居ルモノ尠カラスシテ官吏服務規律ハ全ク行ハレ居ラス之カ為メ鮮人官吏ハ恒ニ悪感情ヲ懐キ表面上日本人官吏ノ命スルカ儘ニ職

務ヲ施行ニ居レルモ内心暗ニ排日思想ヲ有セサル者ナキ状態ナルヲ以テ朝鮮総督ハ此懸ニ関シ一大改革ヲ為スノ必要アリ

一、朝鮮総督ハ鮮人貴族七十二名ヲサヘ優遇セハ他ハ如何ニ圧迫ヲ加フルモ差支ナシト解シ居ルヤノ感ナキ能ハサルハ寔ニ遺憾トスル次第ナリ、日鮮併合後十個年ノ今日ニ於テ斯ノ如ク一斉ニ排日的騒擾ヲ惹起シメルハ全ク総督政治カ如何ニ高圧的ニ行ハレ居タルヤヲ証スルニ足ルベシ

一、従来鮮人官吏ニハ日本留学生出身者ヲ採用シタルコト稀ナルノミナラス彼等帰鮮ニ際シ警視庁ニ於テハ直ニ要視察人物中ニ編入シ常ニ尾行シテ彼等ノ動静ヲ視察セシメツツアルヲ以テ彼等ハ自然之ヲ嫌厭シ、其結果海外ニ移住スルモノ多キニ至ル、而シテ日本ノ方針ハ鮮人ニ対シ高等教育ヲ授クルヲ好マス又之ヲ官公吏ニ採用スルヲ現セス畢竟有識階級ノ鮮人ヲシテ羨望ヲ得セシメサルカ如キ方策ハ将来大ニ考慮ヲ要スヘキモノニシテ是又今回騒擾事件ノ一原因ヲ為シタルモノナルヘシ

一、下級鮮人官吏ニ対シ日本人同様ノ俸給ヲ給シ充分活働ノ余裕ヲ与フルトキハ其ノ使用人員ヲ減スルコトヲ得テ頗ル得策ナリ而シテ鮮人ハ早婚ノ関係上憲兵補助員又ハ巡査補ノ如キハ家族四五名ヲ有スルモノ多シ然ルニ彼等カ僅カニ月額十二円ノ給与ヲ

受ケ物価昂騰ノ今日生活ノ容易ナラサルハ明ナル事実ナリ従テ彼等ハ生活難ノ為メ地方ニ於テハ小売商人ヨリ懸買ヲ為シ五六ケ月間モ支払ハサルモアリ若シ之ヲ催促センカ清潔法検査等ノ場合ニ於テ猥リニ彼等ヲ苦シメ或ハ鮮語不解ノ日本巡査及憲兵ニ対シ自分勝手ノ通訳ヲ為シ良民ヲ殴打セシムル等ノ非行ヲ放テン其結果日本人官吏ヲ批難スルニ至ルコト多シ就テハ現下ノ継子扱ノ如キ策ハ此際根本的ニ一大改善ハ必要トス然ラサレハ斯ル不満ノ思想ハ益瀰漫シテ遂ニ大事ヲ惹起スルニ至ルナキヲ保レ難シ

云々

右ハ一個人ノ談話ニ候共、一応肯綮ニ当レル観察トモ思考セラレ候ニ付御参考迄此段及申報候、敬具

写送付先在支公使、朝鮮政務総督

参考文献

秋山博志『徴兵制の成立と変遷』(『地域のなかの軍隊8』吉川弘文館、二〇一五年)
亜細亜政策研究院『韓国イデオロギー論』(成甲書房、一九七八年)
五十嵐憲一郎『日清戦史第一第二編進達ニ関シ部長会議ニ言ス』(『軍事史学』一四八号、軍事史学会、二〇〇二年)
李泰鎮『日本の大韓帝国国権侵奪と条約強制』(『国際法からみた韓日歴史問題』東北亜歴史財団、二〇〇八年)
李栄薫『大韓民国の物語』(文藝春秋、二〇〇九年)
李栄薫編著『反日種族主義』(文藝春秋、二〇一九年)
李栄薫編著『反日種族主義との闘争』(文藝春秋、二〇二〇年)
一ノ瀬俊也『旅順と南京』(文春新書、二〇〇七年)
伊藤泉美『関東大震災と横浜華僑社会』(『横浜開港資料館紀要』一五号、一九九七年)
伊藤泉美『「横浜大震災中之華僑状況」に見る関東大震災前後の横浜華僑社会』(『横浜開港資料館紀要』二〇号、二〇〇二年)
伊東順子『病としての韓国ナショナリズム』(洋泉社新書y、二〇〇一年)
今井清一『横浜の関東大震災』(有隣堂、二〇〇七年)
今井清一『関東大震災と中国人虐殺事件』(朔北社、二〇二〇年)
今井清一・仁木ふみ子『資料集　関東大震災下の中国人虐殺事件』(明石書店、二〇〇八年)

井上勝生『東学農民軍包囲殲滅作戦と日本政府・大本営』(『「韓国併合」100年を問う 「思想」特集・関係資料』岩波書店、二〇一一年)
井上勝生『明治日本の植民地支配』(岩波現代全書、二〇一三年)
井上勝生『東学農民戦争 抗日蜂起と殲滅作戦の史実を探求して』(『人文学報』一一一号、京都大学人文科学研究所、二〇一八年)
井上勝生『東学党討伐隊兵士の従軍日誌』(『人文学報』一一一号、京都大学人文科学研究所、二〇一八年)
内田雅敏『元徴用工 和解への道』(ちくま新書、二〇二〇年)
内村鑑三『内村鑑三日記書簡全集7』(教文館、一九六五年)
海野福寿『韓国併合』(岩波新書、一九九五年)
海野福寿編著『日韓協約と韓国併合』(明石書店、一九九五年)
海野福寿『韓国併合史の研究』(岩波書店、二〇〇〇年)
呉善花『韓国併合への道 完全版』(文春新書、二〇一二年)
大澤博明『川上操六側近と陸奥宗光側近の証言――日清戦争関係新出史料』(『日本歴史』七四四号、日本歴史学会、二〇一〇年)
大澤博明『「征清用兵・隔壁聴談」と日清戦争研究』(『熊本法学』一二二号、熊本大学法学会、二〇一一年)
大澤博明『陸軍参謀 川上操六』(吉川弘文館、二〇一九年)
小笠原強・宮川英一『関東大震災時の中国人虐殺資料を読む』(『専修史学』五八号、専修大学歴史学会、二〇一五年)

小笠原強・宮川英一『関東大震災時の中国人虐殺資料を読む（二）』（『専修史学』六一号、専修大学歴史学会、二〇一六年）
小笠原強『解題　資料「日本震災惨殺華僑案」第四冊・附件二〜五号の内容とその意義』（『専修史学』六一号、専修大学歴史学会、二〇一六年）
岡本隆司『世界のなかの日清韓関係史』（講談社選書メチエ、二〇〇八年）
小倉紀蔵『朝鮮思想全史』（ちくま新書、二〇一七年）
加藤直樹『九月、東京の路上で』（ころから、二〇一四年）
加藤直樹『トリック　「朝鮮人虐殺」をなかったことにしたい人たち』（ころから、二〇一九年）
カミングス、ブルース『現代朝鮮の歴史』（明石書店、二〇〇三年）
神奈川県警察史編さん委員会『神奈川県警察史』上巻（神奈川県警察本部、一九七〇年）
神奈川県自治総合研究センター「国際化に対応した地域社会のあり方」研究チーム『神奈川の韓国・朝鮮人』（公人社、一九八四年）
川瀬貴也『植民地朝鮮の宗教と学知』（青弓社、二〇〇九年）
姜徳相『関東大震災』（中公新書、一九七五年）
姜徳相『新版・関東大震災・虐殺の記憶』（青丘文化社、二〇〇三年）
関東大震災五十周年朝鮮人犠牲者追悼行事実行委員会『歴史の真実——関東大震災と朝鮮人虐殺』（現代史出版会、一九七五年）
木村幹『日韓歴史認識問題とは何か』（ミネルヴァ書房、二〇一四年）
木村光彦『日本統治下の朝鮮』（中公新書、二〇一八年）
金文子『朝鮮王妃殺害と日本人』（高文研、二〇〇九年）

金重明『朝鮮王朝の滅亡』（岩波新書、二〇一三年）
金静美「三重県木本における朝鮮人襲撃・虐殺について」（『在日朝鮮人史研究』一八号、在日朝鮮人運動史研究会、一九八八年）
憲兵司令部『西伯利出兵憲兵史』（国書刊行会、一九七六年）
熊谷正秀『日本から観た朝鮮の歴史』（展転社、二〇〇四年）
黒田勝弘『韓国人の歴史観』（文春新書、一九九九年）
黒田勝弘『韓国　反日感情の正体』（角川oneテーマ21、二〇一三年）
黒田勝弘『隣国への足跡』（角川書店、二〇一七年）
後藤周『関東大震災研究ノート』（私家版、二〇〇九～二〇二一年）
里見弴『安城家の兄弟』（岩波文庫、一九五三年）
里見弴『私の一日』（中央公論社、一九八〇年）
後田多敦『琉球救国運動』（出版舎Mugen、二〇一〇年）
柴田政子「アジアにおける日本の「歴史問題」――戦後構想と国際政治文脈の比較の視点から」（『東アジアの歴史政策』、明石書店、二〇〇八年）
高崎宗司『「妄言」の原形』増補三版（木犀社、二〇〇二年）
竹内康人『韓国徴用工裁判とは何か』（岩波ブックレット、二〇二〇年）
タース、ニック『動くものはすべて殺せ』（みすず書房、二〇一五年）
趙景達『異端の民衆反乱』（岩波書店、一九九八年）
趙景達『近代朝鮮と日本』（岩波新書、二〇一二年）
趙景達『近代日朝関係史』（有志舎、二〇一二年）

朝鮮軍司令部『間島出兵史』（韓国史料研究所、一九七〇年）
朝鮮駐劄軍司令部『朝鮮暴徒討伐誌』（朝鮮総督官房総務局、一九一三年）
朝鮮総督府官房庶務部調査課『朝鮮の独立思想及運動』（朝鮮総督府官房庶務部調査課、一九二四年）
崔基鎬『日韓併合』（祥伝社、二〇〇四年）
崔文衡『韓国をめぐる列強の角逐』（彩流社、二〇〇八年）
塚本隆彦『旧陸軍における戦史編纂——軍事組織による戦史への取組みの課題と限界』（『戦史研究年報』第一〇号、防衛省防衛研究所戦史部、二〇〇七年）
月脚達彦『朝鮮開化思想とナショナリズム』（東京大学出版会、二〇〇九年）
土屋道雄『人間東條英機』（育誠社、一九六七年）
帝国在郷軍人会熊谷支部『支部報・震災特別号』（帝国在郷軍人会熊谷支部、一九二三年）
東条英教『征清用兵　隔壁聴談』（防衛省防衛研究所所蔵、一八九七年）
戸塚悦朗『「徴用工問題」とは何か？』（明石書店、二〇一九年）
外村大『朝鮮人強制連行』（岩波新書、二〇一二年）
戸部良一『朝鮮駐屯日本軍の実像：治安・防衛・帝国』（『日韓歴史共同研究報告書』第三分科会篇下巻、日韓歴史共同研究委員会、二〇〇五年）
中塚明『歴史の偽造をただす』（高文研、一九九七年）
中塚明『現代日本の歴史認識』（高文研、二〇〇七年）
中塚明・井上勝生・朴孟洙『東学農民戦争と日本』（高文研、二〇一三年）
永原陽子『「韓国併合」と同時代の世界、そして現代——アフリカの視点から』（『「韓国併合」100年を問う　二〇一〇年国際シンポジウム』岩波書店、二〇一一年）

南基正『一九六五年体制と今後の韓日関係――韓国からの提言』（在日本法律家協会会報『エトランデュテ』第三号、二〇二〇年）
西坂勝人『神奈川県下の大震火災と警察』（警友社、一九二六年）
日本交通公社社史編纂室『日本交通公社七十年史』（日本交通公社、一九八二年）
原敬『原敬日記』（福村出版、一九六五年）
原田敬一『日清戦争』（吉川弘文館、二〇〇八年）
朴一『朝鮮半島を見る眼』（藤原書店、二〇〇五年）
朴裕河『韓国ナショナリズムの起源』（河出文庫、二〇二〇年）
韓桂玉『「征韓論」の系譜』（三一書房、一九九六年）
樋口雄一『自警団設立と在日朝鮮人』（「在日朝鮮人史研究」一四号、在日朝鮮人運動史研究会、一九八四年）
樋口雄一『在日朝鮮人と震災後の地域社会』（『海峡』一五号、朝鮮問題研究会、一九九〇年）
樋口雄一『協和会――戦時下朝鮮人統制組織の研究』（社会評論社、一九八六年）
黄玹『梅泉野録』（朴尚得訳、国書刊行会、一九九〇年）
藤井忠俊『在郷軍人会』（岩波書店、二〇〇九年）
藤野裕子『民衆暴力』（中公新書、二〇二〇年）
保阪正康『戦場体験者 沈黙の記録』（ちくま文庫、二〇一八年）
保谷徹『戊辰戦争』（吉川弘文館、二〇〇七年）
白忠鉉『日本の韓国併合に対する国際法的考察』（『国際法からみた韓日歴史問題』東北亜歴史財団、二〇〇八年）

松下芳男『日本軍閥の興亡』(芙蓉書房、一九八四年)
毎日新聞社『日本陸軍史』(『日本の戦史別巻①』毎日新聞社、一九七九年)
松本厚治『韓国「反日主義」の起源』(草思社、二〇一九年)
マッケンジー、F・A『朝鮮の悲劇』(東洋文庫、一九七二年)
宮地忠彦『震災と治安秩序構想』(クレイン、二〇一二年)
民団神奈川県本部『関東大震災横浜記録』(在日大韓民国居留民団神奈川県本部、一九九三年)
武藤正敏『日韓対立の真相』(悟空出版、二〇一五年)
武藤正敏『韓国人に生まれなくてよかった』(悟空出版、二〇一七年)
武藤正敏『文在寅という災厄』(悟空出版、二〇一九年)
文京洙『在日朝鮮人問題の起源』(クレイン、二〇〇七年)
文玉柱『朝鮮派閥闘争史』(成甲社、一九九二年)
横浜市教育委員会『横浜の歴史』(横浜市教育委員会、一九七一年)
横浜市教育委員会『横浜の歴史・中学生用一九版』(横浜市教育委員会、一九九〇年)
横浜市教育委員会『横浜の歴史・中学生用三六版』(横浜市教育委員会、二〇〇六年)
横浜市教育委員会・かながわ検定協議会『わかるヨコハマ』(横浜市教育委員会、二〇一四年)
吉澤文寿『日韓会談1965』(高文研、二〇一五年)
吉村昭『関東大震災』(文春文庫、二〇〇四年)
吉村昭『史実を追う旅』(文春文庫、一九九一年)
山崎雅弘『歴史戦と思想戦』(集英社新書、二〇一九年)
吉野誠『東アジア史のなかの日本と朝鮮』(明石書店、二〇〇四年)

陸軍省『朝鮮騒擾経過概要』（国立公文書館蔵、一九一九年）
和田春樹『日本と朝鮮の一〇〇年史』（平凡社新書、二〇一〇年）
和田春樹『韓国併合　一一〇年後の真実』（岩波ブックレット、二〇一九年）
和仁健太郎『元徴用工訴訟問題と日韓請求権協定』（国際法学会ホームページ、二〇一九年）

ちくま新書
1565

歴史《れきし》認識《にんしき》 日韓《にっかん》の溝《みぞ》
——分《わ》かり合《あ》えないのはなぜか

二〇二一年四月一〇日 第一刷発行

著者 渡辺延志（わたなべ・のぶゆき）
発行者 喜入冬子
発行所 株式会社 筑摩書房
東京都台東区蔵前二-五-三 郵便番号一一一-八七五五
電話番号〇三-五六八七-二六〇一（代表）
装幀者 間村俊一
印刷・製本 三松堂印刷 株式会社

ISBN978-4-480-07390-7 C0231